TARÔ DAS *Corujas*

Sobre a autora

Pamela Chen é a criadora do Crystal Unicorn Tarot, um baralho autopublicado para os leitores amantes de arco-íris, unicórnios e tons pastéis. Também é autora de *Witching Academy Tarot* [Tarô da Academia das Bruxas] e *Enchanted Crystal Magic* [Magia Cristalina Encantada], publicados pela editora Llewellyn. Sua missão é ajudar os criativos e visionários a acessar o potencial e as oportunidades do campo quântico, expandindo a consciência energética a infinitas possibilidades e à magia de verdade. Além disso, Pamela tem um curso autoral de manifestação, o Money Magic Manifest, e é cofundadora das certificações Akashic Flow e Business Mastery, uma experiência de nove meses para líderes de alto desempenho ativarem seus códigos de prosperidade. Quando não está brincando com suas galinhas ou tirando cartas, gosta de ler romances sobrenaturais, viajar pelo mundo e comer salgadinhos apimentados. Conecte-se com Pamela no Instagram: @pamelaunicorn.

Sobre a ilustradora

O trabalho fantástico de Elisabeth Alba pode ser visto em revistas, jogos, e livros, incluindo o *Llewellyn's Magical Almanac* [Almanaque Mágico de Llewellyn]. Para o *Tarô das Corujas*, trabalhou com ilustrações feitas com aquarela e guache acrílica. Alba cresceu na Pensilvânia e na Flórida, morou em Nova York, onde conquistou seu mestrado na School of Visual Arts, e se estabeleceu no oeste do Massachusetts, onde divide um estúdio de arte com seu marido, o ilustrador Scott Murphy. Quando não está absorvida pelas criações em sua bancada, pode ser frequentemente vista na companhia de seus dois filhos, Sam e Charlie; ou talvez lendo, visitando lojas de antiguidade e museus, jogando jogos de tabuleiro e quebra-cabeças ou viajando. Saiba mais sobre o trabalho da ilustradora em www.albaillustration.com.

TARÔ DAS
Corujas
ARTE DE ELISABETH ALBA
PAMELA CHEN
ALFABETO

Tarot of the Owls © 2023 by Pamela Chen
Publicado originalmente pela Llewellyn Worldwide Ltd.
Publicado no Brasil pela Editora Alfabeto em 2023

Supervisão geral: Edmilson Duran

Tradução: Guilherme Donadio

Revisão: Bruna Gomes Ribeiro

Ilustrações: Elisabeth Alba

Projeto gráfico: Christine Ha

Capa e diagramação: Décio Lopes

DADOS INTERNACIONAIS DE CATALOGAÇÃO DA PUBLICAÇÃO

Chen, Pamela

Tarô das Corujas/ Pamela Chen - 1ª edição - São Paulo: Editora Alfabeto, 2023.

ISBN 978-65-87905-60-0

1. Tarô 2. Arte divinatória 3. Oráculos I. Título

ALFABETO

EDITORA ALFABETO
Rua Protocolo, 394 | CEP 04254-030 | São Paulo/SP
Tel: (11)2351.4168 | E-mail: editorial@editoraalfabeto.com.br
Loja Virtual: www.editoraalfabeto.com.br

Outros trabalhos de Pamela Chen:

Enchanted Crystal Magic

Witchling Academy Tarot

Outros trabalhos de Elisabeth Alba:

Everyday Witch Oracle

Everyday Witch Tarot

Dedicado a todos os amigos com penas em minha vida,
especialmente aqueles que pagam seu aluguel em ovos.

Sumário

Introdução

O Chamado

Corujas sempre estiveram envoltas em mistério, bruxaria e sabedoria ancestral. Essa pode ser uma das razões pelas quais elas aparecem, ao longo dos anos, em muitos livros de magia, filmes e baralhos de Tarô. As corujas são um dos mais notáveis animais familiares com os quais os praticantes de magia trabalham, mergulhando para dentro e para fora de lendas e mitos.

Enquanto rasga o véu que está cobrindo o reino das corujas, você consegue ouvir um eco pela floresta. "Quem és tuuuuuuuuh?". Repentinamente, o som ensurdecedor de asas cortando o ar paira sobre você. Quando a poeira baixa e você olha para cima, vê um sortimento mágico de corujas coloridas, algumas se empoleirando em árvores ou em troncos caídos, outras se preparando para aterrissar.

Conheça os seus guardiões do Tarô das Corujas. As corujas estavam esperando pacientemente sob o céu da meia-noite, rufando suas penas, e aguardando o tempo certo para finalmente conhecer você. Seus guardiões estavam piando mensagens para que se juntasse a eles nesse reino por toda sua vida, guiando você a este exato momento. Agora você está pronto, pois atendeu ao chamado. Com sua mente, corpo e espírito, você sabe que aqui é exatamente onde você deveria estar, enquanto segura seu baralho do Tarô das Corujas e o livro em suas mãos, preparando-se para mergulhar nos segredos do mundo deles que vão ajudá-lo a ativar sua magia interior das corujas.

O Tarô das Corujas é um portal encantado que vai transportá-lo para um lugar regido apenas pelas corujas, repleto de sabedoria e conhecimentos ancestrais. Cada vez que abrir este livro, embaralhar suas cartas ou fizer uma pergunta para as corujas, você vai ser transportado ao seu mundo místico. Vai aprender e brincar com essas magníficas criaturas espirituais, desbloqueando a fagulha da intuição dentro de si. Quando retornar ao mundo físico após uma experiência "arrePIANTE" no seu reino mágico, você estará pronto a encarar suas atividades do dia a dia com a sabedoria obtida. As corujas vão encorajar você a abrir seus olhos e enxergar a verdade, para que você possa ser transformado de dentro para fora e, assim, criar a vida que você tanto deseja e merece. Suas aventuras no mundo de voos rasantes das aves mágicas e magníficas vai ser cheia de *insights* transformadores e aconselhamento interno.

Através das setenta e oito cartas do Tarô das Corujas, você vai refletir, rir e imaginar as lições de vida ensinadas a você pelas corujas. Elas voaram de longe e se reuniram para criar este baralho porque sabem o quão poderosamente o Tarô pode guiá-lo pelos ciclos das experiências de sua alma e levá-lo a um patamar superior para que possa alcançar seus desejos. Sua missão é ajudá-lo a se despir de incômodos desnecessários e se transformar na melhor versão de si mesmo, ouvindo sua própria intuição. As corujas estão aqui para lembrá-lo de que você já tem acesso a possibilidades infinitas e que está na hora de reivindicá-las. Você vai aprender a aguçar suas habilidades de observação e se tornar ainda mais consciente do que está se passando ao seu redor, assim como uma coruja. Quando escuta e cultiva a atenção plena, você sabe precisamente o que deseja e o que precisa ser feito para conseguir!

Ao longo de sua jornada com o Tarô das Corujas, você descobrirá uma variedade de espécies mágicas de corujas que são peculiares do Reino das Corujas. Elas estão aqui para transmitir seus incrivelmente procurados conselhos a você. Os Arcanos Maiores estão repletos das mais coloridas e poderosas corujas desse reino. Suas mensagens são certeiras porque quando um Arcano Maior aparece em sua leitura, ele geralmente está relacionado a um acontecimento significativo em sua vida. Cada uma dessas Corujas Maiores é única em seu reino porque cada vez que uma boa ação é cumprida, elas recebem o dom de transformar sua aparência física para refletir o seu verdadeiro interior.

Os quatro naipes dos Arcanos Menores vão apresentar quatro espécies distintas de corujas que são um pouco mais mágicas que as corujas comuns. As corujas são, em geral, criaturas solitárias, mas o bando (que é o coletivo de coruja) dos Arcanos Menores percebeu que viver junto, em comunidade, leva a uma taxa de sucesso maior para crescimento e apoio.

No naipe de Paus, as corujas são jacurutus vermelhas e rosadas. Elas são combativas e aventureiras, e dividem mensagens sobre como seguir sua centelha criativa e transformar suas ideias em ação.

As próximas são as corujas de Espadas, um bando composto por corujas-das-neves brancas, azuis e cinzentas. As corujas-das-neves são inteligentes e gostam de voar rápido em direção aos céus. Sua mensagem para você é ouvir sua intuição e estar aberto a receber novas ideias.

As corujas de Pentáculos são retratadas como corujas-buraqueiras verdes e amarelas. Elas preferem ficar no solo, comendo e coletando tesouros. Essas corujas compartilham uma mensagem direcionada ao cultivo de uma prática mágica diária e à manifestação da abundância.

Por último, mas não menos importantes, estão as corujas de Copas, que são corujas-das-torres, rosadas e arroxeadas. Essas corujas amam se aconchegar e ficar com seus amigos. Sua mensagem para você é seguir seu coração e alinhá-lo com os desejos da sua alma.

As Cartas da Corte são representadas pela realeza que governa e protege os quatro naipes: Paus, Espadas, Pentáculos e Copas. Elas são os Valetes, Cavaleiros, Rainhas e Reis, e sabem que para alçar voo, você precisa olhar a situação por todos os ângulos. A mensagem dessas cartas para você vai incluir tanto um lado positivo quanto um lado negativo.

O Reino Mágico das Corujas está explodindo de empolgação, porque elas estão prontas para mostrar a você um divertimento corujástico! No entanto, antes de decolar nesta aventura, há algumas regras do Reino que serão compartilhadas com você no Capítulo 1. Este é um capítulo muito importante, pois discute como navegar pelo Reino das Corujas com este baralho e como usar suas cartas em seu máximo potencial. Você vai aprender a invocar a energia mágica das corujas enquanto viaja pelas cartas e vê o mundo com um novo par de olhos, permitindo que uma visão clara e inspiradora se manifeste e crie sua vida ideal.

No Capítulo 2, Saiba Tuuuuuuuuhdo, você vai começar a fazer um ninho de sabedoria do Tarô, além de receber uma prévia das diferentes corujas que vai encontrar ao longo desta jornada.

Os capítulos seguintes são os mais empolgantes, porque é neles que você será apresentado às corujas guardiãs. No Capítulo 3, as corujas mais sagradas e que recebem a atenção de todo o reino dos Arcanos Maiores vão estar esperando para conhecê-lo. Então, você será guiado ao Capítulo 4, onde será familiarizado com os Arcanos Menores. Você será recebido na terra mágica dos quatro bandos das corujas de Paus, Espadas, Pentáculos e Copas. No Capítulo 5, você será formalmente apresentado à família real das corujas, que rege cada um dos naipes: são as Cartas da Corte.

No Capítulo 6, abra suas asas! As corujas vasculharam pergaminhos antigos escondidos nas profundezas dos arquivos da floresta e separaram seis tiragens encantadas. Com essas tiragens mágicas de Tarô à sua disposição, você poderá abrir suas asas coloridas para novas aventuras com confiança.

Para concluir esta jornada, as corujas dividem com você os próximos passos na conclusão deste livro. Você vai descobrir como é possível continuar a aprofundar sua jornada com o Tarô, com sua intuição e com suas corujas guardiãs.

Agora, quero compartilhar uma palavra final antes de você decolar. Sua aventura com as corujas será cheia de curiosidade, admiração, alegria e até desafios que vão fazer suas penas se arrepiarem. Independentemente do que você encontre pelo caminho, mantenha suas asas, coração, mente e olhos abertos enquanto você sobrevoa o Reino das Corujas.

Pronto para viver essas aventuras? Então, seja bem-vindo ao Tarô das Corujas!

Capítulo 1

As Regras do Reino

O Reino das Corujas e o mundo do Tarô têm seu próprio conjunto de regras. Apesar de tudo ser flexível e de você poder contar com a sua intuição ou com sua coruja guardiã para guiá-lo, entender os fundamentos de como ler as cartas deste baralho mágico pode ajudá-lo em sua jornada. Por que lutar contra o fluxo das correntezas se podemos pegar embalo nele?

Neste capítulo, as corujas vão revelar a você a estrutura específica deste Reino e baralho. Ter essa sabedoria dos bastidores pode ajudá-lo nas leituras e na divinação com as cartas. A estrutura do baralho de setenta e oito cartas é dividida em três partes: os Arcanos Maiores, os Arcanos Menores e as Cartas da Corte. A maioria dos baralhos que segue a estrutura de Rider-Waite-Smith têm essa formatação, e isso é o que coloca o T no Tarô.

O Tarô das Corujas é uma mistura dos significados tradicionais com as canalizações das próprias corujas. Esses pássaros extremamente sábios possuem uma porção de conhecimento para transmitir para você, então se prepare para imergir na magia das corujas!

Os Arcanos Maiores

A história dos Arcanos Maiores é retratada em vinte e duas cartas que representam os ciclos do universo, nosso mundo, e tudo o que existe. Como em cada experiência, há sempre um começo, um meio e um fim. Na verdade, não há um fim, apenas uma ascensão à próxima fase da sua vida, enquanto o ciclo segue se repetindo. Há sempre um novo objetivo ou uma nova transição que estamos no processo de conquistar, pois a vida é um ciclo contínuo de altos e baixos.

Na primeira parte do seu baralho de Tarô, você irá embarcar em uma jornada com a coruja O Louco, que deixa seu ninho para descobrir o mundo e receber a sabedoria dos ancestrais do Reino das Corujas. Para sua sorte, O Louco esperou pacientemente que você aparecesse e agora está pronto para te apresentar aos guardiões sagrados do Tarô das Corujas. Esses guardiões sagrados são seus professores enquanto você voa pelas lições de triunfos e desafios das demais cartas.

Quando um Arcano Maior aparecer em suas leituras, é essencial prestar muita atenção a ele: as corujas dos Arcanos Maiores estão mergulhando para fazer com que você saiba que há energias poderosas influenciando um grande acontecimento em sua vida. Essas cartas podem ser dicas sobre quais lições de vida ou energias cármicas estão em jogo. Além do mais, eles mostram o melhor modo de navegar pelo seu caminho. Se um Arcano Maior pousar em você, é sinal de que está na hora de farfalhar as penas de sua cauda e intensificar suas práticas mágicas.

Os Arcanos Menores

Depois de suas viagens pelos Arcanos Maiores, você chegará aos Arcanos Menores e encontrará os quatro bandos de corujas. Cada um desses bandos vive em uma parte específica do Reino, separadas em quatro naipes: Paus, Espadas, Pentáculos e Copas, numerados de ás a dez. Você é convidado a voar em altas aventuras com as corujas de Paus, acessar conhecimentos ocultos com as corujas de Espadas, coletar riquezas com as corujas de Pentáculos e relaxar e se divertir com as corujas de Copas.

Os Arcanos Menores são tão importantes quanto os maiores porque essas cartas mostram as energias que se repetem todos os dias enquanto você trabalha pelos seus sonhos. As jornadas pelos quatro naipes vão lhe mostrar atividades cotidianas e eventos no

Reino das Corujas. Os Arcanos Menores são pequenos desafios e celebrações que você experiência diariamente e que trabalham em conjunto para ajudá-lo a alcançar seus maiores objetivos. Durante suas leituras, esteja atendo aos Arcanos Menores, já que você pode usar seu direcionamento para criar mudanças imediatas e alterações que vão conectá-lo novamente aos seus desejos, caso você tenha saído dos trilhos.

As Cartas da Corte

Quando passar pela última carta de cada naipe dos Arcanos Menores, o Dez, você chegará a um lugar real e conhecerá as famílias reais – as Cartas da Corte – que regem cada bando e naipe. Há quatro membros da família real das Corujas aos quais você vai ser apresentado. São eles: o Rei, a Rainha, o Cavaleiro e o Valete. As Cartas da Corte representam cada estado do desenvolvimento, incluindo o inicial, o intermediário e aqueles que já alcançaram a maestria. Essas cartas também podem ser lidas como a energia de uma pessoa.

No Tarô das Corujas, os Reis e Rainhas do baralho são líderes e regentes poderosos de seus bandos de corujas. Eles estão em seu melhor momento e possuem uma vida toda de experiências e lições para compartilhar com você. Os Reis e Rainhas são protetores e nutridores para todas as corujas em seu bando.

Antes de se tornar um Rei ou uma Rainha, você deve voar pelos desafios de um Cavaleiro. Neste ponto de sua jornada, você terá aprendido tudo que foi possível, e é chegada a hora de transformar as lições em ações. Os Cavaleiros têm tudo a ver com movimento e com o modo como você está progredindo na vida. Pense nessa fase como uma etapa anterior a virar Rei ou uma Rainha. Enquanto Cavaleiro, você é herdeiro do trono das Corujas, corajoso, desenvolvendo boas práticas de liderança enquanto aumenta seu conhecimento para evoluir ao próximo nível neste serviço.

Acompanhando as asas dos Cavaleiros, estão os Valetes, os mais jovens e curiosos na Família Real. As corujas Valetes estão iniciando seu treinamento em como ser uma coruja sábia, e até então elas apenas brincam, na maior parte do tempo. Brincar é uma parte importante do aprendizado, e os Reis e Rainhas dos bandos os encorajam a fazê-lo. Esse estágio de desenvolvimento nas Cartas da Corte são como quando você assume um novo papel e está aprendendo tudo que pode antes de migrar para o próximo estágio (o de Cavaleiro).

Cada etapa das Cartas da Corte é um espelho da jornada d'O Louco nos Arcanos Maiores. Os Valetes iniciam uma aventura nova e empolgante, parecida com o arquétipo d'O Louco. Então, assim como O Louco navega pelos Arcanos Maiores, o Valete encontra o povo do Reino. O Valete aprende lições, regras e novas informações, e então assume o posto de Cavaleiro, e começa a praticar suas ações. O Cavaleiro, por fim, domina as habilidades para ser Rei ou Rainha de seu bando, assim como O Louco que, tendo cultivado a sabedoria, culmina em sua jornada com O Mundo.

Um voo pelos elementos dos naipes

- *Paus:* Fogo, ação, aventura, criatividade, carreira, expansão, paixão.
- *Espadas:* Ar, comunicação, pensamento, mentalidade, intelecto, mudança crenças.
- *Pentáculos:* Terra, saúde, abundância, bens materiais, finanças, manifestação, recursos.
- *Copas:* Água, relacionamentos, emoção, intuição, conexão genuína, cura.

Agora que aprendeu os fundamentos básicos do sistema do Tarô, você perceberá que é mais fácil se conectar com as cartas e as ler. Não se preocupe se tiver que voltar ao livro para ajuda no começo de sua jornada pelo Tarô, ou se precisar ler este capítulo algumas vezes. Quanto mais usar seu baralho e treinar fazer perguntas e receber respostas, melhor você vai ser em interpretar as mensagens de sua intuição e do universo.

Capítulo 2

Saiba "Tuuuuuuuuhdo"

Ser convidado ao Reino das Corujas também significa que você acessará os segredos internos de sua sabedoria e aprenderá como desenvolver uma prática mágica extraordinária com o Tarô. As corujas de fato sabem tudo, mas elas não esperam que você saiba. Você não precisa saber tudo quando começa na divinação ou no trabalho com o Tarô. Tudo de que você precisa é dedicação, curiosidade e dos passos básicos do Tarô, que serão compartilhados neste capítulo

O sistema de setenta e oito cartas do Tarô é formulado para se conectar com seus sentidos mágicos e psíquicos de forma que você possa receber mensagens claras em suas tiragens. Contudo, a parte mais importante de jogar o Tarô com as corujas é a consciência de que suas emoções estão sendo sentidas e de que a sua intuição está sendo ouvida quando se olha para uma carta específica. Confie que você sempre encontrará a melhor interpretação para suas próprias tiragens, e use este livro para ajudá-lo em sua jornada. Quanto mais praticar e trouxer as corujas para sua vida cotidiana, mais fácil será para você entender os significados das cartas.

Limpando o seu baralho

Quando levamos um baralho para casa, começamos uma nova leitura ou mesmo terminamos, é sempre bom limpar as energias do baralho. "Limpar as energias de suas cartas pode ajudar a ampliar sua conexão com o baralho e a receber mensagens mais claras", dizem as corujas. Há inúmeras formas de fazer isso. Aqui seguem algumas das maneiras favoritas das corujas para resetar a frequência vibracional do baralho e atrair vibrações mais altas.

- Defume ervas para limpar o baralho, ou use um *spray* de limpeza.
- Segure o baralho próximo ao seu coração e imagine uma linda luz dourada envolvendo suas cartas e enchendo-as de amor e sabedoria.
- Deixe o baralho à luz da Lua para recarregar a energia das cartas.
- Coloque seu baralho sobre uma pedra de selenita, ou coloque um cristal de selenita sobre as cartas para limpar energias estagnadas e negativas. Você também pode utilizar quartzo para isso.
- A cura pelo som é uma maneira linda de limpar suas cartas. Cante para suas cartas ou coloque-as em um sino tibetano, ou de cristal, e toque-o.

Entrevistando o seu baralho

Este é um ritual conhecido que muitos praticantes de Tarô adoram. Cada baralho tem uma energia única e pode ser lido para diferentes motivos e tipos de mensagens. Cada baralho se conecta a cada indivíduo de forma diferente e surge para ajudar de diferentes formas que sejam o melhor para seu consultante.

As corujas vão dividir com você o seu ritual de entrevista e esperam que você encontre as respostas que procura neste baralho. Esse ritual sagrado não é obrigatório, mas se soar como uma aventura divertida para você, tente fazê-lo! Não existem respostas certas ou erradas. Se nada disso fizer sentido agora, não se preocupe. Só anote tudo; você pode revisitar suas mensagens no futuro.

O melhor momento para fazer o ritual é quando você tem o primeiro contato com o baralho, antes de fazer qualquer leitura. Dessa forma, o baralho vai ajudar você a entender como usá-lo.

1. Abra o seu baralho. Limpe-o com um dos métodos apresentados neste capítulo.
2. Olhe todas as cartas para sentir a energia das artes e do baralho. Você pode até escolher suas cartas favoritas ou aquelas que evocam sentimentos mais fortes. Anote o nome dessas cartas para que você possa escrever sobre elas depois.
3. Embaralhe bem o seu baralho. Misture as cartas da forma que desejar.
4. Quando estiver pronto, faça as seguintes perguntas, tirando uma carta para cada questão:
   - Qual tipo de leitura é melhor para este baralho?
   - Como eu posso receber conselhos deste baralho?
   - Como este baralho vai me ajudar em meu caminho atual?
5. Você pode ou não entender as mensagens que as cartas vão transmitir. Escreva sobre tudo que vier à sua mente, intuitivamente, olhando as cartas que foram tiradas. Depois, use este livro para conferir o significado das cartas. Isso pode despertar um entendimento mais profundo, ou trazer mais informações a você.

Agora que sabe como deve trabalhar com este baralho, você pode facilmente usá-lo para as leituras ou práticas mágicas que julgar adequadas. As cartas nunca erram, então escute suas mensagens e confie que o que quer que venha à sua mente está lá por um motivo – afinal, é a sua intuição! As corujas acreditam na sua magia do Tarô e estão torcendo por você!

Embaralhando e lendo as cartas

As sábias Corujas Guardiãs gostariam de lembrá-lo que cada pessoa é única e tem sua própria magia, então faz sentido que sua forma de embaralhar e tirar as cartas também sejam especiais.

Não existe jeito "correto" de fazer isso. Não há regras. Faça o que te deixar feliz e confortável.

Preparação

Antes de começarem suas tiragens, as corujas gostam de estar concentradas e calmas. Isso permite uma conexão mais clara às leituras e um fluxo energético mais claro para as mensagens. Segure as cartas próximas do coração, pense na intenção da consulta e limpe sua mente, concentrando-se em sua respiração. As corujas gostam de ficar nesse estado lindo e abençoado por três a cinco minutos. Feito isso, você pode começar a embaralhar suas cartas e a fazer suas perguntas.

Para ajudar a dar um clima, você pode acender uma vela ou um incenso, ou pegar suas pedras favoritas e colocá-las por perto. Se possuir um animal espiritual ou totens de animais como a coruja, você pode pedir que eles venham a seu auxílio na leitura.

Se você está começando no Tarô ou no trabalho com as cartas, pode se beneficiar da um ritual pessoal de preparação antes da leitura, para que o ritual o coloque em um estado de receber. Essa é uma forma efetiva de entrar na zona mágica. Simplesmente acenda uma vela, cerque-se de cristais, faça uma prece inicial ou borrife óleos essenciais ao seu redor.

Embaralhando

Uma das muitas questões que perguntam às corujas sobre o Tarô é sobre como embaralhar as cartas. Por essa razão, elas gostariam de falar brevemente sobre o assunto. A Coruja Guardiã Anciã diz: "Como você sentir que embaralhar ressoa melhor em você, este é jeito correto".

Embaralhar as cartas de Tarô antes de uma tiragem é importante porque mistura as energias e as cartas para você receber uma leitura clara. Quando estiver fazendo uma tiragem para si mesmo ou para os outros, enquanto está embaralhando ou cortando o baralho em montes separados, faça a(s) pergunta(s) e foque nas questões que estão sendo feitas. Você pode embaralhar, perguntar e tirar cartas para cada questão, ou embaralhar, parar e tirar cartas para toda a tiragem. O jeito mais fácil para as corujas tirarem a carta é por cima do baralho, mas você sempre pode esperar que uma carta caia, aleatoriamente, enquanto embaralha, ou pode cortar o baralho e pegar a primeira carta depois do corte.

Leitura

Depois que embaralhou, fez suas perguntas e tirou as cartas, você pode começar a interpretar a mensagem de cada carta. Se está fazendo uma tiragem de Tarô, você pode começar a ler as cartas uma a uma; é mais fácil que tentar ler todas ao mesmo tempo. As corujas gostam de se concentrar em uma carta por vez e interpretar as mensagens, conselhos e inspirações. Você pode anotar em seu diário como as cartas o fizeram sentir, o que você pensou assim que viu a ilustração, e as energias que está recebendo. Outras coisas úteis para se reparar são as estações do ano representadas nas cartas, ou se há animais, lugares, pessoas, símbolos, ou objetos que se destacam, para você. Um conselho sábio das corujas é anotar sua primeira impressão em um diário, antes de mais nada; você pode voltar e analisar as mensagens que recebeu, depois. Dessa forma, você não bloqueia sua intuição com o seu raciocínio lógico.

Quando conferir cada carta, você pode lê-las juntas, como uma história, imaginando as cartas da tiragem como o começo, o meio e o fim. Também pode ver se há elementos dominantes que se conectam em toda a interpretação. Por exemplo: talvez haja várias cartas de Pentáculos na tiragem ou vários Arcanos Maiores aparecendo. O que isso significa para você? Procure por padrões importantes ou até por uma falha em um padrão. O que se ressaltar, anote!

Quando as corujas trabalham com as cartas, elas gostam de usar sua intuição e percepção da leitura, primeiro. Então, elas consultam o livro para mais mensagens e confirmação. O que elas repararam é que, algumas vezes, as mensagens são recebidas também no mundo material, durante a tiragem. Se você ouvir o verso de uma canção que se destaca, ou se algo no ambiente chama sua atenção, essas podem ser dicas sobre a sua leitura. Novamente, escreva tudo em seu diário.

Depois que escrever todas as dicas e mensagens que descobriu, é hora de olhar as suas observações e juntar tudo. Agora é a hora de questionar, analisar e montar esse quebra-cabeças. A intuição lida com símbolos e imagens; então, às vezes não faz sentido de primeira. Quando estiver revendo suas anotações, use sua mente racional para criar uma coesão no que a sua intuição estava tentando lhe dizer. Quando mais você treinar, mais fácil isso vai ficar, e mais rápido você vai conseguir traduzir a linguagem de sua intuição para algo conscientemente compreensível.

Exercícios práticos de Tarô para o dia a dia

Há sempre novos patamares de descobertas quando se trabalha com o Tarô. Você nunca vai saber tudo de uma vez, e assim como em sua relação com as corujas, é uma jornada para a vida inteira.

Para ser mais confiante em suas leituras, implemente uma prática diária de Tarô com as corujas. A chave para a prática é a consistência! Todo o dia, como prática na manhã, embaralhe as suas cartas e pergunte a elas: "O que eu posso fazer hoje para me trazer abundância, alegria, felicidade e amor?". Tire uma carta e escreva sobre ela. Ao longo do dia, esteja alerta sobre como suas experiências se relacionam à energia e ao significado da carta escolhida para o dia. No fim da tarde, reveja o que escreveu de manhã e confira o que se alinhou ou se relacionou à carta, de alguma maneira.

Talvez você comece a perceber que, cada vez que tira uma certa carta, as mesmas coisas acontecem com você em seu dia. Você também pode tirar as mesmas cartas repetidamente, ou, como eu gosto de chamá-las, as cartas *stalker*. Esse é um sinal para você prestar atenção à lição da carta, para poder seguir em frente.

Sua prática diária ficará realmente poderosa quando as cartas começarem a ter um significado pessoal para você. Da próxima vez que tirar uma carta, em qualquer tipo de tiragem, você vai se lembrar: "Ah, sim, algo aconteceu quando essa carta apareceu antes, então é isso que essa carta deve significar hoje". Como dito anteriormente, ler o Tarô é mais fácil quanto mais se faz, então continue treinando.

Faz tuuuuuuuuhdo

Sua prática de Tarô pode ser algo individual, usada como uma ferramenta de desenvolvimento pessoal. Pode ser um jeito de adivinhar o futuro, para que você possa alterar seu destino. Também pode ser uma ferramenta para ajudar outras pessoas a descobrirem as respostas para as questões difíceis e receberem *insights* valiosos para embasar suas decisões, bem como ser usada em feitiços e rituais para ampliar sua magia. Permita que sua prática do Tarô cresça e se desenvolva naquilo que você sentir que é melhor para si. Se não quiser fazer tiragens para os outros, você não precisa fazer. Se quer cobrar e usar o Tarô como ferramenta de trabalho, vá em frente! As corujas sugerem tentar todas as opções. Você não vai saber se você ama algo de verdade se você não provar antes.

Lembre-se, as corujas sempre estarão aqui para você. Se você precisar de orientação, peça por sua ajuda, diga o que deseja, e permita que os milagres aconteçam para você. As corujas aparecem para você na hora certa e no lugar certo para que use sua orientação do jeito que achar mais significativo.

Vamos agora aplicar o que você aprendeu e mergulhar nas cartas! Prepare-se para conhecer as Corujas Guardiãs mágicas e os bandos do baralho nos próximos dois capítulos.

Capítulo 3

Os Arcanos Maiores

As vinte e duas cartas nesta parte do baralho podem ser vistas como representantes dos grandes eventos de sua vida. Através dos Arcanos Maiores, você encontrará os principais Guardiões que regem o Reino das Corujas. Quando uma dessas cartas aparecer em suas tiragens, preste bastante atenção aos conselhos e mensagens que você está recebendo, pois elas poderão ajudá-lo a tomar decisões importantes que vão afetar seu futuro e o caminho da sua vida.

0
O Louco

Este filhote de coruja está pronto para voar do ninho e quer se aventurar com você através do Reino das Corujas. Todo preparado e pronto, essa emplumadinha e seu melhor amigo estão prontos para sua primeira aventura longe do ninho. Suas penas cresceram, seus olhos são afiados e ele está pronta para experimentar o mundo. Ele estava curioso há bastante tempo, sentado numa árvore e imaginando a que bando ele pertence e no que vai se tornar. Esse "quase" coruja guardião sabe que, para descobrir sua identidade, vai ter que saltar agora.

Sabedoria na posição correta
Você está realmente dando um salto no desconhecido ou esteve se preparando para este momento? Este momento pode, na verdade, ser um passo fácil para o seu futuro. Enquanto pode parecer que você está mergulhando em um abismo (ou caindo de um galho), você só estava esperando por esta ocasião. Você estava se preparando para uma nova aventura, e agora ela está sendo apresentada para você. Mesmo que não saiba onde ela vai te levar, ou o que vai acontecer, você sabe que é algo que você deve fazer. Para os outros pode parecer uma escolha tola, mas você sabe que infinitas possibilidades estão esperando por você neste caminho, e você está pronto para isso.

Recomendações na posição invertida
Pular de uma árvore sem saber voar não é uma boa decisão. Arriscar-se demais pode ser recompensador, mas se você não tem as habilidades ou ferramentas para alcançar seus objetivos, então, talvez, você precise tirar um tempo antes para consegui-las. Não seja irresponsável e não assuma riscos que podem não se pagar. O medo de perder algo não vai levá-lo a lugar algum. A oportunidade pode não sempre estar lá, mas confie que algo muito melhor estará em seu caminho.

I
O Mago

A coruja mais mágica do Reino está à sua frente. Ele está se preparando para um ritual sagrado e o convida a se juntar a ele. Dominar sua magia não é sobre ser a coruja que trabalha mais duro ou batalha para alcançar um *status* – O Mago ganhou seu título e poder sendo confiante em si mesmo, e acreditando que tudo é possível. Seu sistema é muito simples: ele decide o que quer manifestar e visualiza muito claramente o resultado final. Então, usando as ferramentas mágicas à sua frente (e às vezes itens que são comuns, como as coisas da natureza), ele lança um feitiço que transforma suas vontades em realidade. Usando a magia e suas ferramentas, ele cria a realidade que deseja. Este grande mago das corujas proclama que, se ele pode fazê-lo, você também pode.

Sabedoria na posição correta

O que você tem manifestado está chegando a você. Você tem a magia, os dons, o conhecimento e as habilidades necessárias para atingir o sucesso que procura. O feitiço já foi lançado e agora é a sua vez de mostrar confiança, como se já tivesse alcançado seus objetivos. A magia de ter suas intenções realizadas depende de quanto você quer e de quanto você acredita que pode manifestá-las. Continue se posicionando e tomando atitudes inspiradas em direção aos seus ideais. Mantenha suas emoções em uma frequência alta. Você já ativou a magia; agora, é hora de deixá-la fluir por si.

Recomendações na posição invertida

Você está sobrecarregado e trabalhando duro demais para alcançar os seus objetivos? Essa pode não ser a melhor maneira de fazê-lo. Tentar manipular o mundo material não vai levá-lo muito longe; você pode começar a sentir que tudo que faz é trabalhar, e que nada lhe traz alegria. Ative a sua magia e lembre-se de que tudo o que é criado no reino energético vira realidade. Enquanto faz esse trabalho interior, você vai perceber as coisas tomando a direção de seus objetivos com mais facilidade. Não tente forçar as coisas a se alinhar. Em vez disso, conecte-se à magia de suas intenções e deixe rolar. Quando sentir que está trabalhando mais do que nunca, mas com diversão e alegria, é quando você sabe que está ativando sua magia, e sua oportunidade vai estar logo ali do lado.

II
A Sacerdotisa

Se você voar para além das árvores e para os mistérios do céu noturno, encontrará a Sacerdotisa do Reino das Corujas. Ela repousa sobre a bela lua crescente, e está repleta de encanto e sabedoria. Aqueles que visitam a Sacerdotisa querem revelar respostas que estão escondidas na escuridão. O que muitos não entendem é que não é preciso visitar A Sacerdotisa, nem mais ninguém, para receber as respostas dos mistérios que se quer resolver. Você se conhece melhor que ninguém e tem um sistema de orientação cósmica interno – que alguns chamam de intuição – que pode guiá-lo às respostas que já estão disponíveis para você. A resposta da sua intuição e a resposta d'A Sacerdotisa serão a mesma, cheias de enigmas que você terá de desvendar. Apesar de as respostas parecerem confusas, de imediato, continue a aprender a linguagem mística da intuição. Ela lhe será muito útil.

Sabedoria na posição correta

As possibilidades do desconhecido são onde a magia acontece. Se você baseia o que vai acontecer no que já aconteceu antes, então está criando seu futuro a partir do passado. Isso não permite que seus sonhos se manifestem. Em vez disso, é importante se conectar ao campo das possibilidades, ao redor ou dentro de si. Sonhe com o futuro que deseja e deixe o sonho aparecer do jeito dele. Quando você está aberto às possibilidades, milagres acontecem. A Sacerdotisa o encoraja a confiar nas intenções que deposita no universo e a saber que as energias cósmicas estão cuidando de tudo. Você não precisa saber o "como", só basta saber que tudo já está feito. Permaneça no mistério. Permita que a sua intuição o aconselhe e guie-o aos seus desejos.

Recomendações na posição invertida

Se estiver tentando chegar a um entendimento com alguém, esta não é a hora de se lançar ao desconhecido. Confiar e orar para que dê certo só vão te levar a um ponto. Você deve usar seus lados prático e lógico para se preparar melhor para esta tarefa ou projeto. Pode haver agendas ocultas que vão ajudar ou trabalhar contra aquilo que você está fazendo. Perceba o que está oculto antes de tomar decisões mais permanentes.

III
A Imperatriz

A Coruja Imperatriz entende o fluxo natural da abundância no mundo. Ela sabe que se você provê algo com cuidado e nutrição, ele vai crescer e se tornar belo. Quando você se aproxima, ela pergunta: "O que a abundância significa para você?". Ser rico significa algo diferente para pessoas diferentes. Olhe ao seu redor. Você já está cercado de abundância? Se sim, o que mais você quer? Não há limites para o que você pode desejar ou conquistar. Tudo é possível – até mesmo uma coruja sentada no topo de joias e pérolas brilhantes e luxuosas!

Sabedoria na posição correta

A energia d'A Imperatriz é forte em você. Você tem as ferramentas e a magia de que precisa para alcançar suas metas. Tudo que você está gerando e criando trará prazer, alegria e riquezas. Quanto mais abundante você é, mais pessoas você pode ajudar e compartilhar sua magia. Apesar de essa carta representar um bom presságio – que seus objetivos estão virando realidade –, a Imperatriz também pede que você pegue um travesseiro confortável e relaxe. Quanto maiores seus sonhos, mais coisas você pode precisar fazer para ajustar tudo no lugar. Renda-se às suas riquezas e confie no tempo divinal para trazer tudo que você deseja.

Recomendações na posição invertida

Pode ter havido complicações na sua jornada criativa, e agora já um grande obstáculo do qual você não consegue desviar. Em vez de tenta forçar as coisas a acontecer e se sentir exaurido ou frustrado, recue um passo. Foque-se em nutrir sua alma e em fazer coisas que o iluminam. Coma um bolo, beba um chá, dance ou faça qualquer coisa que lhe devolva o ânimo. Quando as corujas se sentem travadas, elas gostam de alçar voos longos e voltar ao desafio começando do zero.

IV
O Imperador

Manter um império bem-sucedido não é um céu de brigadeiro. Há muitas engrenagens que precisam trabalhar juntas não apenas para sobreviver, mas para prosperar. O Imperador é o condutor e o chefe e o encarregado de liderar o reino. Ele consegue tomar decisões e ver as coisas não só no momento presente, mas no quadro geral. Toda escolha que ele faz é focada no bem de todo o reino e nas possibilidades futuras.

Sabedoria na posição correta

Pode haver partes pessoais da sua vida que você precisa colocar na espera. Algo maior que você e os que o cercam está em jogo, e o seu "Eu Imperador" está pedindo que você se mova e assuma isso. O Imperador não está pedindo que você sacrifique nada de importante, mas que reavalie o jeito que está gerenciando suas finanças e bens materiais, ou até mesmo o modo como você está gastando seu tempo e suas energias com coisas específicas. Decida qual é sua maior prioridade agora e crie um atalho para alcançar as suas metas. Você tem todo o poder, confiança e recursos para alcançá-las.

Recomendações na posição invertida

Há forças controladoras ao seu redor, e é hora de sair dessa. Se estiver tentando fazer algo dar certo, mas sem resultados, a coruja o aconselha a tentar o plano B. Se você não tem um plano B, então crie um. Você tem todos os recursos e magia dentro de si para tentar outra alternativa. Nada está impedindo você de vencer esse desafio, exceto suas próprias limitações. Seja o Imperador de seu próprio império; é hora de voar alto.

V
O Hierofante

O papel d'O Hierofante no Reino das Corujas é dividir seu conhecimento e fé. Ele sempre tem estudantes dedicados voando às montanhas sagradas para buscar sua sabedoria do conhecimento divino da terra. Ninguém sabe a quanto tempo ele está lá; de acordo com a História das corujas, ele sempre esteve distribuindo bênçãos e compartilhando tradições. As corujas no Reino possuem vários sistemas de crença, e não apenas um. O Hierofante o convida a estudar valores diversos e chegar às suas próprias conclusões sobre o que acreditar e no que ter fé. Quando faz isso, você alcança seu poder verdadeiro.

Sabedoria na posição correta
Se você realmente quer entender e aprender algo a fundo, a melhor maneira de fazê-lo é ensinando. Você está sendo chamado para voar alto e se tornar um líder e professor em vez de um estudante? Parece que você já acumulou bastante conhecimento e está pronto para, agora, dividir sua magia com os outros. Você está pronto para transmitir suas próprias crenças, estratégias e sistemas que trazem resultados, e muitos estudantes vão se aninhar em você.

Recomendações na posição invertida
As escolhas que fazemos devem ser orientadas pelos nossos desejos e valores. Esteja ciente na hora de fazer escolhas baseado nas percepções padronizadas da sociedade, ou baseadas nas crenças de outrem. Quando você não está vivendo sua vida plenamente, como seu eu-verdadeiro, mais desafios aparecerão neste mundo. Abra suas asas e abrace sua magia singular.

VI
Os Enamorados

A maioria das corujas no reino se junta para a vida toda, ouvindo o chamado de seus pares quando chegam à idade para tal. Este casal de amantes acabou de se conhecer e sabia que era amor à primeira vista. É necessário mais que magia do destino e ser um casal coruja para fazer um relacionamento funcionar. Estas duas corujas sabem que para procriar com sucesso e formar uma bela família, terão de trabalhar em conjunto e harmonia, ter uma excelente comunicação uma com a outra e confiar uma na outra nos níveis mais profundos de suas almas. A atração instantânea e o afeto que sentem uma pela outra são reais e poderosos, mas elas também vão trabalhar para se conhecer e ter uma relação equilibrada.

Sabedoria na posição correta

Uma conexão importante acaba de surgir em sua vida, e você pode se sentir excitado ou até mesmo nervoso. Há borboletas farfalhando em seu estômago e você pode ficar até tonto a cada vez que pensa nisso. A paixão que se acendeu não é necessariamente relacionada a uma pessoa – pode ser relacionada a uma carreira, uma ideia ou até mesmo a um *hobby*. Reflita sobre a oportunidade que lhe foi apresentada e saiba que ainda há trabalho a ser feito. Se, depois de considerar os prós e os contras, seu coração ainda disser "Sim, vamos lá", então vá atrás disso!

Recomendações na posição invertida

A conexão e o relacionamento que se apresentam agora estão em desarmonia. A atração inicial que você sentiu está passando, e a realidade da experiência, aflorando. Se nada está mudando para melhor, talvez você deva fazer uma mudança drástica, mesmo que isso o deixe desconfortável. Pode ser hora de terminar essa relação. Uma vez que você deixa ir o que não está alinhado a onde você está agora, novas e ainda melhores possibilidades se abrem para você.

VII
O Carro

A coruja d'O Carro é um dos heróis do reio. Ele está cavalgando para outra batalha lendária, e dois felinos ferozes prontamente se voluntariaram para escoltá-lo a mais uma vitória. Essa coruja não vence as batalhas por coincidência; ele vence por se planejar meticulosamente, e estar cinco passos à frente de qualquer oponente. Ela entra em uma batalha sem o mapa do sucesso e sugere que você faça o mesmo.

Sabedoria na posição correta

A sorte está do seu lado, e é hora de andar em sua carruagem rumo ao sucesso. Atenha-se ao seu plano bem pensado, e ele o guiará diretamente a seus objetivos. Se você está preocupado que a jornada seja grande demais para você, não esteja. Tudo o que você viveu o trouxe a este momento, e você vai passear pela abundância. A esta altura, você está exatamente onde deveria estar. Abandone as expectativas e simplesmente aproveite a jornada pelo que ela é. Se houver turbulência na estrada, você sempre pode consertar isso em um próximo voo. Se tudo seguir suavemente, continue indo em frente!

Recomendações na posição invertida

Aconteceu um atraso muito grande. Alguns desafios se mostraram em seu caminho. Não os ignore e espera que vão embora. Em vez disso, vá em frente na situação e descubra uma solução. Quanto mais rápido que você superar este atraso, mais rápido alcançará seus objetivos. Às vezes você não pode fazer nada, fisicamente, para acelerar a passagem do tempo. Neste caso, mantenha suas crenças. Foque nos pensamentos e energias positivos que permeiam sua jornada. Sua atenção tem que estar no caminho que se abrir à sua frente, então foque no que você deseja em vez de focar no que pode estar errado ou faltando.

VIII
A Força

Um poderoso leão descansa em uma pedra com muitos pensamentos passando pela sua cabeça. Uma bela donzela coruja percebe sua aflição e vai ao resgate de seu caro amigo. Muitos não entendem ou sequer consideram que uma criatura imensa e majestosa como um leão possa enfrentar desafios, mas ser feroz e forte não significa que eles não têm sentimentos ou não encaram problemas. A sábia donzela coruja é a companheira ideal para o leão, porque ela está repleta de força para fazer jus à ferocidade do leão, enquanto também fornece seu toque gentil e carinhoso para acalmar a fera.

Sabedoria na posição correta

Mesmo que alguém seja fisicamente maior e mais forte que você, não significa que ele tenha mais força interior. Sua compaixão e seu coração, ambos são ferramentas poderosas de cura, e são necessários para o mundo. Você possui um lindo dom que pode mudar a sua vida e a dos outros. Recorra à sua coruja de força interior e abra suas asas para compartilhar o amor consigo mesmo e com os que o cercam. Erga-se em suas garras e reconheça que você é uma criatura de poder.

Recomendações na posição invertida

Você pode estar tremendo por sob suas penas agora porque alguém o está intimidando ou praticando *bullying* com você. Suas ações estão causando sentimentos de medo ou dúvida, e é natural por conta da agressividade dessa pessoa. Não a deixe brincar com você. Em vez disso, recupera sua coruja de força interior e cerque-se com energias de amor e de fé. Então, escolha ignorá-la ou não deixar o que ela fala ou faz o incomodar – você é mais forte do que pensa.

IX
O Eremita

A coruja O Eremita estabeleceu seu lar temporário muito, muito longe, em uma árvore velha e sábia, para não ser incomodado em sua busca pela visão. Todo ano, ele faz um voo para longe da falação e dos problemas das corujas do bando. O silêncio e a calmaria da noite permitem que ele se concentre em qual será o próximo passo de sua jornada. Ele chama isso de "tempo de contemplação", e é um momento de meditação profunda, cercado apenas pelas árvores e por sua lanterna de luz estelar. Esta coruja sabe que, às vezes, para ouvir sua alma, você precisa passar um tempo sozinho.

Sabedoria na posição correta

Uma coruja sábia entende que estar sozinho não significa, necessariamente, ser solitário. Às vezes, quando a vida fica agitada demais, você precisa voar longe, como O Eremita, e tirar um tempo para se reconectar a si mesmo e à sua missão. Quando você está sozinho consigo, aí é que sua voz interior pode ser ouvida melhor e pode lhe dizer quais ações inspiradoras você deve tomar a seguir. Confira e verifique se agora é a hora de você refletir, meditar ou procurar pela magia interior.

Recomendações na posição invertida

Você está recolhido à sua árvore por tempo demais, agora. É hora de emergir dessa solidão e voar de volta à vida real. As coisas podem parecer um pouco diferentes, pois você aprendeu bastante neste ínterim e possui novas crenças e percepções. Tenha certeza de integrar plenamente essas novas descobertas tomando decisões e ações como essa nova e mais sábia versão de si mesmo. Não repita novamente nos mesmos e antigos padrões.

X
A Roda da Fortuna

Conheça a famosa coruja d'A Roda da Fortuna. Corujas de todo o reino voam até ela e até a roda para tiragens. Quando uma questão é colocada, uma rajada de vento chegará para girar a roda. O símbolo no qual ela parar dará a resposta à questão que foi feita. A Roda está se movendo e girando constantemente, com cada lufada de ar. Se você não gostar da resposta à sua pergunta, volte depois, porque assim como sua vida muda, a resposta também.

Sabedoria na posição correta

Assim como a coruja de olhos arregalados na roda, se você está alerta dos ciclos e energias na sua vida, você sempre terá sorte e estará à frente das questões. Agora, seu ciclo de vida está trazendo oportunidades positivas e boa fortuna a você. Tirar essa carta é a confirmação de que você está encontrando muita sincronicidade, e de que a sorte está ao seu lado agora.

Recomendações na posição invertida

Pode parecer que você está por baixo da roda há um tempo, sempre sendo esmagado e lutando para alçar voo. A boa notícia é que isso vai acabar, e este é o ponto de virada. Saiba que está nas leis do Universo que nada é igual para sempre – a mudança está sempre acontecendo.

XI
A Justiça

A coruja d'A Justiça está sempre de olho para garantir que as leis cármicas do reino estão equilibradas. Para cada ação tomada, há uma consequência correspondente que é entregue, seja boa ou seja ruim. Por sorte, esta coruja não tem tanto trabalho a cumprir, porque todas as corujas aprenderam a se posicionar e assumir a responsabilidade pelas escolhas que fazem, e a serem justas, verdadeiras e cheias de integridade.

Sabedoria na posição correta

Você está, agora, do lado certo da balança, e suas atitudes lhe garantiram os favores da coruja da Justiça. Se estiver passando por conflitos ou batalhas legais, saiba que se permanecer neutro e justo em suas ações, você vencerá. A balança está sempre pendendo para o seu lado, e parece que você sairá na frente.

Recomendações na posição invertida

O que você acredita ser justo não é justo para todos. Lembre-se de girar seu pescoço, assim como a coruja da Justiça, para poder ver e experimentar as coisas pela perspectiva das outras pessoas. Assuma seus erros, equilibre sua balança e tome decisões diferentes. Aceite as consequências e aprenda com elas para migrar para experiências de mais abundância.

XII
O Pendurado

Para esta sábia coruja, se empoleirar de cabeça para baixo é uma escolha. Pode parecer que ele está enroscado nas vinhas e nos galhos, mas a verdade é que ele fez isso consigo mesmo, e a qualquer hora em que quiser escapar, ele consegue. Se empoleirar assim dá ao Pendurado inspiração divina e acesso à informação. Pode ser porque ele está vendo o mundo por outro ângulo e consegue pensar fora da caixa? Qualquer que seja o motivo, ele é o mais apto a receber ideias geniais quando se permite se desprender e se libertar de qualquer medo.

Sabedoria na posição correta
Antes que a abundância surja, você pode se sentir desconfortável em sua nova posição. Aceite estar neste lugar estranho e se entregue, como a coruja d'O Pendurado. Quando você parar de pensar sobre como e quando você se sentirá confortável de novo, começará a ver novas oportunidades aparecerem para si, e um caminho para seguir em frente será revelado. Abandonar a necessidade de controlar a situação e seguir o fluxo pode ajudá-lo a ganhar uma compreensão mais profunda do que acontece ao seu redor e lhe dar clareza.

Recomendações na posição invertida
Você pode ter se colocado em uma situação para a qual você não tem solução, e pode se sentir preso. Tire a cabeça das nuvens e coloque os pés no chão. Você precisa parar de pensar tanto e simplesmente agir. Colocar-se em movimento criará uma abertura para você e o ajudará a sair das circunstâncias atuais.

XIII
A Morte

A coruja d'A Morte não é quem você imagina. Ele não está lá para devorar as corujas – ele está lá para ajudar suas almas a transitar para a próxima vida. Essa é a coruja dos encerramentos e do renascer. Ele está aqui para celebrar e honrar a vida que as corujas viveram e para conduzi-las para fora de seus corpos físicos. A Morte pode trazer pesar, para alguns, mas é uma parte natural da vida. A lição que a coruja d'A Morte traz é que os fins são apenas parte do ciclo, porque o mundo e nossas vidas estão sempre em transformação. Uma nova vida surge como parte desse processo.

Sabedoria na posição correta

Se não há morte, não há renascimento. Para emergir como uma pessoa nova, você deve se despir das partes de você que não servem à sua visão futura. O que você precisa abandonar e largar para poder se transformar na pessoa que quer ser e viver a vida que quer viver? Conte à coruja d'A Morte e abandone a pessoa, lugar, ou fator que o está mantendo preso. Uma grande mudança está acontecendo. Renda-se a ela, e você atingira a nova evolução da sua vida com facilidade.

Recomendações na posição invertida

Você pode pensar que pode transitar por períodos desafiadores sozinho, mas não precisa. Esse pode ser o motivo pelo qual você se sente empacado. Saiba que há pessoas ao se redor que estão prontas e disposta a ajudá-lo a navegar pelas suas emoções, como a coruja d'A Morte. Disponha-se, peça ajuda e aceite o seu apoio e orientação. Agora é o momento de planar suavemente até o novo destino da jornada da sua vida.

XIV
A Temperança

A coruja d'A Temperança está cumprindo seu dever diário de mesclar as energias internas do Reino das Corujas. Existem muitas corujas poderosas vivendo no Reino, e elas sempre estão evoluindo. Ela precisa garantir que as energias ampliadas que elas estão emitindo possa se harmonizar com a magia do mundo delas. Há uma certa canção que o Reino das Corujas entoa, e a coruja da Temperança conhece essa melodia.

Sabedoria na posição correta
Você acaba de evoluir e entrar em seu novo eu e em sua nova vida. Sente-se confiante, poderoso e mágico. Nada neste Universo pode parar você, e você esperar que esse milagre não desapareça. A coruja da Temperança diz que esse pode ser o seu estado natural sempre que você assim escolher. Esteja ciente do que você está fazendo, de como está se experimentando e de como está se sentindo neste momento, e lembre-se dessas memórias quando quiser ativar sua magia no futuro. Contudo, não se esqueça de que a vida também é sobre equilíbrio, então não voe alto demais agora, ou sua queda poderá machucar; não voe muito baixo, ou você terá um longo caminho para voltar a esse lugar. Deslize pelos céus no ritmo adequado e percorras as correntezas suavemente.

Recomendações na posição invertida
Nada está funcionando direito e você sente como se tivesse que bater suas asas mais forte para atingir os resultados que deseja. Algo na sua energia está desequilibrado, e isso é causado pelas ações que você tem tomado. Alinhe tudo novamente, indo com calma e ouvindo à melodia que ecoa no mundo ao seu redor, como a coruja d'A Temperança. Sintonize-se à sua visão e missão, e siga este caminho.

XV
O Diabo

O Diabo está aqui para seduzi-lo com belos desejos que fazem seus olhos brilharem e despertam o interesse no seu coração. Ele tem uma energia feroz, que atinge sem que se espere. Apesar d'O Diabo poder atacá-lo e prendê-lo repentinamente em situações e vícios que nem sempre são os melhores para você, no fim das contas, a decisão de ir ou não com ele é sua. Ele está levitando no ar, à sua frente, sem se importar se você dirá sim ou não. Olhe para além da beleza do que está sendo ofertado e siga o desejo mais sincero de seu coração, em vez de fazer o que os outros querem que você faça.

Sabedoria na posição correta
A tentação é real. Há lugares, pessoas ou coisas com as quais você está obcecado no momento e que o prenderam em uma armadilha que você mesmo criou. Você é livre para voar dessa situação quando quiser, mas você escolher ficar e brincar com esses objetos reluzentes. A cor vermelha da coruja O Diabo está pedindo que você pare e veja para além da ilusão. Isso é o que você realmente quer, ou é um arrebatamento que o está fazendo se auto sabotar? Não é tarde demais; você ainda pode decidir escolher outras oportunidades que já estão a sua espera.

Recomendações na posição invertida
Você sente como se um peso tivesses ido tirado de suas assas e como se agora estivesse voando livremente pelos céus? Isso acontece porque você quebrou as correntes que o aprisionavam. Pode ter sido alguma obsessão ou vício aos que se manteve preso por um longo tempo. Agora, finalmente, você reivindicou seu poder e magia interior, e está pronto para a sua nova aventura. Cerque-se de seus semelhantes para continuar voando em frente por este novo caminho.

XVI

A Torre

Raios não caem sempre nas árvores, mas quando caem, criam uma destruição tremenda. Mais cedo ou mais tarde, as corujas vão ter de migrar para árvores diferentes. Elas receberam sinais orientando-as a se mudar para uma nova casa e escolheram ignorá-los, então não foi uma surpresa quando o desastre aconteceu e queimou seu lar. Se tivessem ouvido a sua intuição e se mudado quando o precipício começou a ruir, elas jamais se encontrariam nessa situação. Mas nem tudo foi perdido, porque há muitos recursos cercando-as, que vão auxiliá-las na reconstrução, e um novo lar já foi encontrado.

Sabedoria na posição correta

Para construir uma nova vida, a anterior deve vir a baixo, primeiramente. Tudo pode parecer em chamas, como esta árvore, e você precisou sair de seu ninho repentinamente. Mas, como as corujas, você possui inúmeros recursos por perto, e há pessoas disposta a ajudá-lo a construir algo ainda mais mágico e melhor. O que aconteceu *precisava* acontecer para você viver a vida que tanto queria. Veja este como um bom sinal do universo de que você está no caminho certo, e de que sua nova vida vai ser ainda mais forte e melhor do que nunca.

Recomendações na posição invertida

Tudo está em transformação, e você está resistindo às mudanças. Se não as aceitar agora, você vai vivenciar ainda mais obstáculos até que seja forçado a tomar uma decisão. Por que não ficar no controle da situação e do seu entorno e tomar as melhores decisões para si mesmo agora? Mesmo que hesite, você sabe o que precisa ser feito. Chacoalhe suas penas, agarre sua coragem e prepare-se para decolar antes que circunstâncias desconhecidas o obriguem a seguir planos e ações inesperados.

XVII
A Estrela

Nos céus cósmicos, que parecem ser uma eterna noite de escuridão, a coruja A Estrela enxerga a magia e a esperança no astro brilhante que a guia. Ela é guiada pela estrela de sua alma ao seu destino e aos desejos de seu coração. Ela sabe que se seguir o caminho de centelhas brilhante da estrela e nunca perder a fé, terá caminho iluminado para realizar seus sonhos e desejos. Nunca desista e continue voando rumo a seus objetivos.

Sabedoria na posição correta
Os desejos de seu coração sempre foram feitos para ser seus. Tudo o que você desejar estará lá para você. Uma oportunidade mágica está chegando, e seus desejos estão sendo ouvidos e atendidos. Tudo pelo que você espera está chegando. A carta A Estrela é a confirmação do Universo de que seus desejos vão se tornar realidade, e de que você vai ser banhado por muitas bênçãos e inspirado a fazer acontecer.

Recomendações na posição invertida
As estrelas estão muito mais distantes do que aparentam. Às vezes, o voo é longo demais para alcançá-las. Pode parecer também que os seus objetivos estão muito distantes, mas não desista da esperança. Suas intenções estão sendo trabalhadas, e as coisas estão se rearranjando no Universo, por isso a demora. Seja paciente e foque naquilo que deseja, e não naquilo que ainda não tem. Continue no caminho da luz d'A Estrela e mantenha a sua fé.

XVIII
A Lua

Mesmo nas florestas mais densas, a Lua sempre vai brilhar e levar a luz a quem a procura. A coruja da Lua está sempre vigiando e guardando o Reino das Corujas, e fornecendo sabedoria mística a aqueles que pedem. Como pode ver, temos três criaturas curiosas e uma Coruja Guardiã pronta a deixar a luz da lua brilhar em suas questões para que eles possam viver milagres.

Sabedoria na posição correta
Existem visões e mensagens ocultas na escuridão que estão prontas para se revelar para você. O que antes não podia ser visto, agora está sendo revelado. Você pediu por respostas, e agora elas estão sendo desveladas porque você está pronto para recebê-las. Elas podem se mostrar em sinais e símbolos que você ainda terá que interpretar. Confie na sua intuição e questione tudo que vê, sente e ouve. Os segredos não permanecerão ocultos por muito mais tempo. Prepare-se para descobrir o que se oculta na escuridão.

Recomendações na posição invertida
Você não quer mergulhar na escuridão para procurar por nada. Você tem dúvidas de que encontrará algo, ou talvez esteja receoso de que o que encontrará pode mudar sua vida. Não deixe o medo controlar suas decisões e distraí-lo de atitudes importantes que vão levá-lo para mais perto de seus objetivos. Muitas vezes, a beleza e a magia ficam esperando na escuridão, até termos alguém, como a coruja da Lua, para nos auxiliar em nossa jornada. Quando estiver pronto, siga a luz da Lua e brinque nos mistérios das sombras.

XIX
O Sol

Com um chilrear alegre, esta coruja se empoleira aos girassóis para aproveitar a energia do Sol. A luz morna do Sol provê uma sensação de segurança e proteção às criaturas mágicas do Reino das Corujas. Onde ele brilha, as corujas riem, brincam e celebram pelos céus. A magia disso é que o Sol sempre se levanta, e então há uma chance para a felicidade todos os dias.

Sabedoria na posição correta
Sim! Independente da pergunta, esta é a carta do "Sim!". Você alcançará quais quer que sejam os objetivos que estabeleceu, e se encherá de alegria e confiança nos passos que estiver dando. Você tem clareza sobre o que fazer no momento, e isso trará a você a vitória. Esta também uma carta de celebrações, então garanta que vai celebrar o quão longe chegou e tudo que você conquistou.

Recomendações na posição invertida
O sucesso está um pouco demorado, ou não é exatamente como você havia imaginado. Há algumas mudanças a se fazer antes de você chegar à sua meta. Talvez seja algo físico que você precise mudar, ou pode ser energético. Revise suas intenções e as atitudes que tomou e veja se há ajustes importantes que você deve fazer para que volte ao caminho dos seus objetivos.

XX
O Julgamento

Três corujas, que estavam em um sono profundo e reparador, acabaram de ser acordadas pela coruja d'O Julgamento. Durante seu descanso, elas aprenderam muitas coisas novas sobre si e sobre suas vidas. O sono não apenas curou seu corpo físico, mas também suas mentes e almas. Agora que elas acordaram, elas perceberam que são corujas renovadas, e estão preocupadas que suas famílias não as reconheçam mais. Antes de enviá-las para casa, a coruja d'O Julgamento deixa um pequeno conselho: "Os outros os veem como vocês sem veem, então decidam quem vocês julgam que são".

Sabedoria na posição correta

O Julgamento não é sobre como os outros os julgam por suas atitudes, é mais sobre como você está se julgando. Tirar esta carta significa que você está renascendo como alguém novo, com uma nova identidade, e a coruja do Julgamento está pedindo que você seja confiança e assuma quem é. Se orgulhe de quem você se tornou e mostre seu poder. Abra suas asas e mostre ao mundo a sua magia. Se você ama quem é e se sente digno, não existe ninguém que possa tirar isso de você.

Recomendações na posição invertida

Você está pegando pesado consigo mesmo e julgando coisas insignificantes. A vida não é sobre perfeição, porque não existe perfeição. Em vez disso, permita-se se mostrar como você quer ser, mesmo que você tenha penas coloridas e garras afiadas. Pegue leve consigo mesmo e pare de se preocupar com o que os outros vão pensar. O que eles pensam não importa – só importa o que *você* pensa e sente.

XXI
O Mundo

Esta coruja está no topo do mundo! Ele alcançou muitas conquistas no ciclo de sua vida, e está ascendendo ao próximo plano. Esta é uma chance para ele descansar. Ele está refletindo e celebrando todas suas realizações, e se preparando para planejar o futuro. Não há nada neste mundo que ele não possa fazer, porque ele acredita que o sucesso foi feito para ele. Além disso, a coruja d'O Mundo sabe que só porque alcançou seus objetivos, não significa que ele deva parar por aí. Sempre há mais para conquistar, e o sucesso é um caminho para a vida toda. Agora, esta coruja pode reunir todas as habilidades e conhecimentos que acumulou e usar para se ajudar em sua próxima aventura.

Sabedoria na posição correta

Tudo pelo que você trabalhou está se completando, e você atingiu o seu objetivo. Um desejo com o qual você vem sonhando por tanto tempo é agora a sua realidade. Pode ter demorado mais do você achava que demoraria, mas você se sente realizado e feliz com os resultados. Você também cresceu e amadureceu em um nível físico e espiritual, e agora está pronto para a próxima fase da sua jornada.

Recomendações na posição invertida

Você está preso e hesitante. Talvez você tenha encerrado um grande projeto, ou algo tenha chegado ao fim, e você não acredita que possa fazer isso novamente, ou criar algo ainda melhor. A coruja d'O Mundo quer lembrá-lo de que se você fez isso uma vez, pode fazer de novo e de novo. As habilidades e ferramentas que você ganhou com essa conquista podem ser usadas em sua próxima aventura. Não desista e se acomode só por ter chegado longe – ainda não é o fim da sua história! Aproveite o embalo do seu sucesso e continue. Sonhe alto e conquiste tudo.

Capítulo 4

Os Arcanos Menores

Com os Arcanos Menores, você vai se aventurar por quatro grupos (bandos) diferentes de corujas que vivem no Reino das Corujas: Paus, Pentáculos, Copas e Espadas. Cada bando representa uma energia e uma área da vida cotidiana diferentes. Esses bandos se relacionam a eventos do dia a dia que levam a mudanças e alterações significativas. Cada ação e decisão tomadas, grandes ou pequenas, é igualmente importante. De fato, fazer pequenas escolhas sintonizadas com seus objetivos vai ajudá-lo a alcançá-los mais rapidamente.

O Bando de Paus

As corujas amarelas e vermelhas e vivazes deste bando de Paus representam o fogo, a paixão, a aventura e o desejo. Elas acedem a inspiração que vai alçá-lo em seus voos.

Ás de Paus

Nas copas das árvores, um filhote de coruja já está pensando em voar. O novo membro do bando de Paus eclodiu de seu ovo com tanta paixão pela vida que ele não para de chilrear. Há tantas oportunidades e caminhos criativos esperando por ele! Este filhote vai iluminar o mundo.

Sabedoria na posição correta

Você está batendo as asas porque uma nova aventura o incendiou? Tem explodido por causa da inspiração extraordinária, e agora é hora de voar? Este é apenas o começo de sua jornada, e pode abrir portas para você e levá-lo a inúmeras oportunidades. Permita que sua criatividade o guie ao seu pleno potencial. O Ás de Paus é a confirmação para ir com tudo. Comprometa-se com o seu novo caminho e sua paixão. Siga essa inspiração. Deixe o seu ninho confortável e comece a se mexer!

Recomendações na posição invertida

Quando o Ás de Paus está invertido, parece que a coruja está caindo de seu ninho de tanta empolgação. Não se deixe queimar cedo demais em sua aventura. Se achar que seu fogo está se enfraquecendo, retorne aos desejos e propósitos iniciais com os quais você começou sua jornada. O que o inspirou a explorar essas ideias criativas? Quando puder se focar nessa inspiração, deixe-a ser sua luz guardiã. Dessa maneira, você sempre terá a motivação para ir atrás de suas metas.

Dois de Paus

Uma Coruja Guardiã está empoleirada em seu posto de vigia, mapeando a jornada para você. Antes de as corujas começarem suas aventuras, elas gostam de saber exatamente onde vão e o que vai aparecer pelo caminho. Dessa forma, elas estão preparadas para um voo tranquilo. As corujas sabem que quando seguimos nossa energia criativa, às vezes podemos nos perder na empolgação e nos esquecer da direção que estávamos seguindo.

Sabedoria na posição correta

Ter um plano de ação detalhado pode ajudá-lo a se manter focado em atingir seu objetivo. O Dois de Paus está mostrando que você tem uma decisão em potencial a tomar. Fazer a escolha certa será mais fácil se você explorar as opções e as condições de cada caminho, antes. Se você se sintonizar com as energias de cada oportunidade antes de tomar uma decisão definitiva, tanto melhor. Pergunte-se: *Pelo que eu sinto mais paixão?* Quando sentir suas garras tremerem e suas penas vibrarem, aí você saberá que essa é a escolha certa para você.

Recomendações na posição invertida

Aquilo com que você estava empolgado não é mais estimulante. A estrada parece complicada, e talvez seja trabalhoso demais alcançar seus objetivos. Está tudo bem deixar a inspiração seguir seu fluxo e se esgotar. Às vezes uma centelha criativa não serve para o momento presente, mas para depois. Guarde a inspiração em algum lugar e deixe-a para quando você estiver preparado e pronto para essa aventura.

Três de Paus

A aventura começou, e o caminho parece ser promissor. Sua Coruja Guardiã identifica bastante potencial à sua frente, e já está vendo os resultados aparecerem em sua vida. Apesar de parecer que a coruja está aguardando passivamente no horizonte, ela está, na verdade, permitindo que as intenções que emitiu se concretizarem antes de começar a voar novamente.

Sabedoria na posição correta

Você começou sua jornada e enviou seus desejos ao Universo. O fogo está aceso, e agora é hora é observa e permitir que seus desejos se manifestem. Tudo está voando para seu devido lugar, então seja paciente e continue focando no resultado final. Confie nas suas Corujas Guardiãs para olharem por você e o ajudarem a conquistar suas metas. Observe o que está acontecendo, e esteja preparado para consertar as coisas se necessário, mas não crie mais trabalho para si mesmo ao mudar as coisas que já estão funcionando bem. Esteja firme como o Três de Paus e coloque intenção em todo passo que der.

Recomendações na posição invertida

As corujas sabem que você está trabalhando duro para manifestar seus objetivos, mas parece haver um atraso na sua jornada. As coisas podem não estar saindo como esperado, e há mais turbulência nos céus do que quando você mapeou os seus passos. Não deixe esses bloqueios fazerem você desistir de seu voo. Peça ajuda ao seu bando, aos seus amigos e à sua família. Você nunca está sozinho nas suas aventuras; sempre há gente disposta a ajudar.

Quatro de Paus

Suas novas amigas, as Corujas Guardiãs, definitivamente sabem como comemorar. Elas se reuniram nesse lindo momento para dar graças ao que conquistaram até aqui, e para celebrar os passos inicias que deram para construir uma base sólida para o seu futuro. As corujas sabem que quanto mais você celebrar, mais alegria e abundância vão aparecer em sua vida. Então, essa comemoração não é apenas festiva, mas parte de um ritual de manifestação que deve ser feito regularmente.

Sabedoria na posição correta

Parabéns! A primeira fase do voo da sua jornada obteve um sucesso monumental. Você cravou firmemente os Paus que vão apoiá-lo por toda sua jornada de manifestação de seus objetivos. Agora que você se sente mais estável em sua aventura, separe um tempo para celebrar e compartilhar suas conquistas com os outros. Honre tudo que alcançou até aqui para atrair mais sucesso e alegria.

Recomendações na posição invertida

Talvez seu ninho não esteja no galho mais estável da floresta; você precisa examinar isso mais de perto. O Quatro de Paus invertido pede que você volte a conferir a base de seu sucesso. As coisas podem parecer suaves agora, mas as corujas estão garantindo que você saiba que algo estava faltando nas primeiras etapas de sua busca criativa. É importante não construir seu sucesso sobre bases instáveis. Você ainda tem tempo de mudar seu entorno para um voo mais fluido no futuro. É melhor ajustar sua base agora, nas fases iniciais, que esperar até que suas tarefas estejam quase cumpridas, quando for tarde demais.

Cinco de Paus

Enquanto olha para cima, você vê uma revoada de penas e paus no ar. Estas jovens corujas estão batalhando por um lugar na próxima caçada. Apenas o mais forte pode deixar o ninho para procurar comida para o bando. Você deve conquistar seu lugar. O círculo de batalha aérea pode parecer caótico, mas cada ataque com os paus é estratégico. Essas corujas têm treinado há muito tempo para este momento. Ganhando um lugar na próxima equipe de quadra ou não, todas são vencedoras por terem chegado até aqui.

Sabedoria na posição correta

Não importa se a situação está de pernas para o ar, você sabe que está preparado para este momento. Todas as experiências que viveu e o conhecimento que acumulou permitem que você encare esse momento com a sabedoria para atravessá-lo. Essa é mais uma lição e um portal para a próxima etapa do seu sucesso. As coisas podem parecer confusas e caóticas, mas você tem as habilidades para seguir voando pelo caminho. Continue procurando pelos céus azuis e você os encontrará.

Recomendações na posição invertida

A situação está se mostrando mais esquentada e desafiadora do que você havia imaginado. Atingiu um novo nível de intensidade. Antes de decolar novamente, analise as condições e crie um novo plano para esses problemas inesperados. Se agir antes de descobrir a raiz dos problemas, você se atrasará mais em seu caminho e encontrará desafios ainda mais difíceis.

Seis de Paus

O vencedor foi coroado. Toda a batalha no céu foi cessada porque uma vencedora emergiu como a coruja mais hábil e talentosa a se juntar à caçada. Ela está exibindo suas lindas asas e se mostrando orgulhosa, segurando seu bastão de poder enquanto todos admiram seu sucesso. Ao chegar ao desafio, ela nem era considerada como uma candidata em potencial, mas estava confiante em seu poder, e seu desejo de vencer era maior que suas dúvidas.

Sabedoria na posição correta

A honra e o reconhecimento que estão sendo derramados sobre você foram merecidos. Você manifestou pra caramba, fez seu trabalho e colocou um grande esforço para alcançar essa vitória. Aceite essa conquista e receba os louros que estão vindo ao seu caminho. Suas vitórias levam alegria aos outros e os inspira a fazer o seu melhor. Divida a história de sua jornada para encorajar sua comunidade a torcer uns pelos outros.

Recomendações na posição invertida

Agora é a hora de você celebrar, e não de ser objeto da celebração. Em vez de sentir ciúmes das vitórias de alguém, concentre-se nas alegrias disso! Você não falhou; talvez essa não seja a hora certa para você. Quando se apoia em emoções e pensamentos positivos, é isso que você vai atrair. Se o fizer o bastante, você com certeza terá a vitória com que sonha, no tempo certo, e essa vitória significará ainda mais.

Sete de Paus

Através das árvores vemos uma Coruja Guardiã corajosa, defendendo sua posição por todos os lados. Podemos ver seis galhos voando em sua direção enquanto protege seu lugar no galho mais cobiçado da árvore. Parece que esse galho é um dos melhores da floresta, e ela acredita que toda essa atenção é justa para mantê-lo.

Sabedoria na posição correta

Você pode pensar que está sendo atacado por todos lados, como a coruja do Sete de Paus. Sua posição é altamente cobiçada, mas você a mereceu através de trabalho duro, então você não vai desistir dela sem uma briga. Você pode vencer esse desafio – se puder deduzir que situações precisam ser resolvidas primeiro, baseado nas suas prioridades. A sorte está em seu favor porque você não está mais do lado daqueles que o atacam, e consegue ter uma visão plena do céu. Aja rapidamente e mergulhe em sua vitória.

Recomendações na posição invertida

Algo o enfureceu, e você pode estar caçando uma briga. Você está pensando em agir e atacar primeiro? Pare por um momento e analise a situação antes de esquentar tanto. É realmente digna de briga ou defesa? Seus oponentes realmente queriam ferir você, ou apenas foram pouco cuidadosos com suas palavras? Com certeza há outra forma de resolver isso sem uma batalha acalorada. Deixe suas asas esfriarem e decida o que fazer quando não estiver vindo de um lugar de reação. Lembre-se, só você pode decidir como vai agir.

Oito de Paus

Neste ponto de sua jornada no Reino das Corujas, você está pronto para receber uma mensagem muito importante. Pense rápido e preste atenção. Uma Coruja Guardiã e seus bastões estão voando até você na velocidade da luz para entregar algumas boas-novas. Prepare-se para o voo, porque depois que receber este comunicado, você vai ser propelido à ação, estando pronto ou não. É melhor se preparar agora para voar em frente o mais suavemente possível e em altíssima velocidade.

Sabedoria na posição correta

As coisas estão andando mais rápido do que o que você tinha se preparado, mas não significa que você ficará para trás. Ajuste-se à nova energia e navegue até o seu destino pelas correntezas geradas pelos Paus. Se você tentar voar contra o fluxo, só vai gerar mais confusão e caos, então por que não pegar carona enquanto os Paus te levam prontamente até os seus objetivos? Resultados rápidos ou já chegaram, ou vão chegar em breve. Se seguir a trajetória dos Paus, então você vai conquistar resultados antes do que esperava.

Recomendações na posição invertida

A coruja do Oito de Paus invertido está aqui para torná-lo consciente de que você tem navegado contra a correnteza do vento, e, por isso, pode ter que encarar alguns atrasos. Você pode até ter reparado que está sendo atrasado em sua jornada e se movendo pelos céus com um pouco de confusão. Aterrisse com cuidado e firme-se em seu propósito antes de mudar de direção. Se tiver sorte, você poderá saltar diretamente no fluxo de energia que propele você à frente – tudo que você deve fazer é uma escolha diferente.

Nove de Paus

Uma Coruja Guardiã muito séria está esperando por você no limite de seu local sagrado. Ela tem nove bastões, de pé como uma cerca, para manter fora aqueles que querem caçar sem sua terra, e ela lutou contra muitos oponentes. Tente, se tiver coragem. Você só poderá entrar se for puro de coração e respeitar a terra. As corujas guardiãs de paus sempre estão prontas para defender aqueles sob sua proteção.

Sabedoria na posição correta

Você tem uma última posição a tomar antes de completar a aventura de seu voo. Mesmo tendo passado por muito e defendido sua posição, você sabe que ainda tem um pouco de trabalho a fazer antes de completar sua provação. A boa notícia é que você é apaixonado pelo que está protegendo e tem a força para ver através disso. Crave suas garras e esteja alerta, pois aquilo pelo que você está lutando está dentro do seu alcance.

Recomendações na posição invertida

A situação é desesperadora. É hora de jogar a toalha. Não há culpa nem vergonha em se recolher e abandonar. Sacuda a sua bandeira branca, guarde seus Paus e siga por outro caminho. Isso não é um fracasso, mas uma experiência que treinou e preparou você para um próximo voo. Passar por esses desafios ajuda você a ganhar conhecimento e sabedoria para que possa ter sucesso no futuro e alcançar os objetivos que quer manifestar.

Dez de Paus

É um dia claro, ensolarado, e esta Coruja Guardiã está quase acabando sua colheita anual dos Paus. Ela trabalhou para caramba por todo o verão para garantir que seus Paus durem por todo o inverno. Foi um trabalho laborioso, e ela sabe que se conseguir simplesmente levar esses dez últimos Paus colina acima, sua tarefa estará cumprida, e ela terá completado seus deveres para com sua comunidade.

Sabedoria na posição correta

Você está a um bater de asas da linha de chegada. Só mais um passo até o sucesso, e você sentirá o peso levantado de seus ombros. Você estava responsável por muitas coisas, e sua agenda tem sido atribulada. Você sabe que, para completar sua obra-prima de criatividade, tem que dar tudo de si. Dar cem por cento de si é realmente muito trabalhoso, mas por sorte você está quase acabando. Concentre sua energia no resultado e em quão feliz você será, e isso fará esses últimos momentos serem toleráveis.

Recomendações na posição invertida

Você está carregando um fardo muito pesado e tem muitos Paus para carregar, e isso está sugando sua energia e atrasando você. É hora de pedir ajuda a seus amigos, familiares ou colegas, e dividir algumas de suas tarefas. Ir até a linha de chegada não precisa ser um trabalho para uma coruja só; você pode terminar isso cercado por um time que ajuda. Saiba quando algo é demais para você lidar e peça por ajuda.

O Bando de Espadas

O bando de Espadas lida com a mente e a comunicação. As ágeis e inteligentes corujas azuis e cinzentas do naipe do ar podem mostrar onde estão os seus bloqueios mentais e ajudar você a dizer o que pensa com mais clareza.

Ás de Espadas

Novas ideias estão voando para dentro enquanto você abre sua mente e deixa a luz brilhar. Quando a bebê coruja de Espadas sair de seu ovo, ela estará tremendo e vulnerável. Com carinho, amor, e nutrição constantes, ela crescerá para ser uma coruja forte e poderosa. Assim como uma coruja recém-nascida, ideias novas e abundantes vão eclodir, ou já o fizeram. Esteja consciente dessas ideias bebê, para que você possa transformá-las em algo *incrívoo*!

Sabedoria na posição correta

Tire vantagem deste despertar e da clareza mental que você está sentindo agora. Abra seu ovo mental totalmente, para que você possa expandir sua maneira de pensar e abraçar novas oportunidades que estão vindo até você. Esteja aberto à magia e aos milagres. Siga o ritmo, defenda um ideal e voe com ele! Plane até o sucesso e a vitória, enquanto as corujas permitem que você diga SIM para novos projetos e ideias.

Recomendações na posição invertida

A coruja invertida do Ás de Espadas significa que muitas ideias estão voando até você, e isso é muito para você aguentar. Você geralmente começa algo novo, mas não termina porque está ocupado demais saltando para a próxima ideia. De alguma forma, no caos de seus pensamentos, você perde o interesse e não leva seus planos adiante. O Ás de Espadas convida você a passar mais tempo estabelecendo metas precisas, para focar em criar um plano antes de seguir os passos para alcançar seus desejos.

Dois de Espadas

A primeira Coruja Guardiã de Espadas que encontramos está em uma meditação profunda, cercada por uma bela paisagem nevada. Ela está em um estado de contemplação enquanto aprende a manusear sua magia interior, porque quando acordar, terá que escolher entre dois caminhos igualmente importantes. Atualmente ela está numa encruzilhada, mas espera que, quando acordar, verá os caminhos com olhos novos e uma percepção iluminada.

Sabedoria na posição correta

É hora de se decidir. Na superfície, suas escolhas podem parecer igualmente afiadas e importantes, mas se você vasculhar mais fundo nos fatos reais de ambas as decisões, pode perceber que uma delas permitirá que chegue a seu destino mais rapidamente. O Dois de Espadas representa a combinação de duas metodologias que permitem que você tome a melhor decisão possível: primeiro, use sal lógica e investigue ambas as escolhas, então confie na sua intuição para lhe guiar pelo melhor caminho para o momento presente. Você tem toda informação de que precisa para fazer uma escolha. Dedique seu tempo à sua pesquisa, mas não demore demais, porque você não poderá voar mais alto enquanto não escolher.

Recomendações na posição invertida

Quando está na energia do Dois de Espadas invertido, pode significar que você está emperrado entre duas decisões, e você se recusa a escolher uma delas. Pode ser que uma parte sua saiba qual é a escolha certa a se fazer, mas você não gosta dos fatos apresentados, então você pensa que nenhuma ação é melhor do que uma ação que não é confortável. A Coruja Guardiã lhe diz para afiar suas espadas e cortar os pensamentos negativos para que você possa passar brevemente por esse desafio e mergulhar no sucesso. Quanto mais rapidamente você voar por essa experiência e for decisivo, mais cedo alcançará o seu alvo.

Três de Espadas

A Coruja Guardiã de espadas está pousada sobre a coronha de uma espada, deixando o suave cair da neve limpar sua mente e coração para uma cura profunda. Houve uma perda significativa em sua vida, mas ela sabe que isso é só passageiro. Em vez de travar e suprimir seus pensamentos e emoções, ela está honrando a experiência e se dando tempo para superar o coração partido graciosamente.

Sabedoria na posição correta

Algo está sacudindo sua vida como uma nevasca poderosa, lançando pessoas e situações em uma bagunça. Isso fez que você experimentasse um momento menos-que-ideal. Lembre-se que todas tempestades passam eventualmente, e céus limpos e o sol brilhante chegarão enquanto você continua a jornada de sua vida. Durante essa hora difícil, tenha certeza de estar focando nas emoções do presente em vez de atribuir uma emoção ou história do passado ao que está ocorrendo. Ame cada parte de si mesmo, até as partes que ainda estão se curando. Deixe os pensamentos que estão prendendo você irem e ilumine seu coração enquanto prossegue.

Recomendações na posição invertida

Quando o Três de Espadas está invertido, as espadas cortantes cairão do buraco em formato de coração. Essa representação da libertação está relacionada com a dor deixando seu coração. Memórias e sentimentos remanescentes podem ainda estar ali, mas esse é o primeiro passo para se curar. Com o fim de um período de luto, você está começando o voo rumo a sua próxima aventura.

Quatro de Espadas

Esta Coruja Guardiã está em isolamento por um tempo. As coisas ficaram agitadas demais, então ela decidiu voar para uma bela vastidão e escapar do burburinho constante do Reino em um lugar de paz e silêncio. Você pode afirmar pela sua expressão fácil e por suas penas infladas que ela encontrou a felicidade nesse tempo que passou fora.

Sabedoria na posição correta

Se tem feito uma ginástica mental com seu cérebro, se preocupando com coisas demais, você precisa tirar um tempo. É hora de reiniciar. Tire um tempo e se dê as férias tão merecidas. Encontre um lugar belíssimo onde recarregar seu corpo e aliviar sua mente. Quando voltar à vida real, você conseguirá enxergar seus desafios com novos olhos e inventar soluções criativas para eles.

Recomendações na posição invertida

Um pensamento negativo está preso em sua mente, e você está consciente e inconscientemente enfrentando esta autossabotagem de novo e de novo. A Coruja Guardiã está aqui para ajudá-lo a transmutar seus pensamentos negativos. Encontre esta crença limitante em sua mente e anote-a em algum lugar. Então, escreva o oposto, um pensamento positivo, e conscientemente fale-o em voz alta todos os dias até que os pensamentos de autossabotagem que você liberado sejam reprogramados. Ao criar novos circuitos em seu cérebro, você verá novas oportunidades e bênçãos em sua vida.

Cinco de Espadas

Essa honrada Coruja Guardiã lutou duro e bem. Ela está soltando essa energia extra que está vibrando pelo seu corpo depois de um confronto. Foi uma disputa complicada, partindo principalmente de má comunicação, e as corujas a decidiram em uma luta eliminatória. A coruja de Espadas mais competente ganhou, e as outras duas corujas tiveram de admitir sua derrota e falhas diante de todo o bando de Espadas.

Sabedoria na posição correta

Uma briga ou desentendimento está aqui, ou a caminho. Todo mundo acha que é culpa do outro e ninguém quer ceder. A Coruja Guardiã pede que você reveja essa situação. Essa batalha é tão importante que você está disposto a queimar as pontes com seus oponentes, ou existe um jeito mais fácil, mais lógico de resolver os desafios pelo qual você está passando? Como você pode vencer sem manipular ou humilhar os outros envolvidos? Pense em uma forma de vencer a batalha com honra, como a Coruja Guardiã, e você poderá vencer *e* continuar conectado com seus rivais.

Recomendações na posição invertida

Você pode ter vencido, mas seu voo até a vitória é questionável. A vitória não foi tão marcante ou importante quanto você achava que seria no início de sua jornada. Na verdade, sequer se parece com uma vitória. O que está feito, está feito. Você marcou sua posição e até arrasou. Não há como voltar atrás – a única coisa a fazer agora é seguir em frente. Talvez da próxima vez em que se encontrar numa situação semelhante, escolha resolver seus desafios com uma estratégia diferente, para vencer de um modo que seja satisfatório.

Seis de Espadas

Parece que esta Coruja Guardiã está pronta para sair da neve fria e receber o calor verdejante. O ambiente congelado cercando esta coruja não a estava fazendo feliz, então ela decidiu viajar um pouco mais pela baía e fazer um novo ninho e dar o próximo passo na jornada de sua vida. Ele está feliz em descongelar seu bico e está pronto para vasculha a grama, procurando por insetos.

Sabedoria na posição correta

Assim como a Coruja do Seis de Espadas, você precisa se lembrar de que pode mudar seu ambiente externo. Em vez de deixar as condições externas afetarem seus pensamentos e humor, faça algo sobre isso. Faça uma jornada sagrada, seja ela temporária ou permanente, para um espaço rejuvenescedor que vai permitir que você acalme sua mente e esteja em paz. Deixe para trás o que não é mais necessário e voe em direção ao futuro.

Recomendações na posição invertida

Há um pequeno atraso em sua jornada que está deixando você preso. Sacuda suas penas, foque-se no seu destino e relaxe. Esse é um atraso temporário; você não está totalmente fora do caminho. Quando começar a fluir novamente, você pode continuar de onde parou. Não desista ou volte atrás. Em vez disso, mantenha sua calma e continue seguindo em frente.

Sete de Espadas

Todas essas espadas estavam na neve, sem dono. Espadas Coruja são ferramentas mágicas valiosas e não deveria ficar ao relento. Esta Coruja Guardiã viu esses tesouros em um sobrevoo e decidiu ser a dona das espadas. Ela dará essas espadas para jovens corujas em treinamento, que serão ensinadas a honrar essas belas ferramentas, e um dias as usarão para fazer magia.

Sabedoria na posição correta

Às vezes (possivelmente agora) você cruzará com um pensamento ou ideia deixado por alguém que estava no mesmo caminho que você. ode ser uma ideia que serve ao seu propósito e pode ajudá-lo a ascender em sua jornada, ou talvez você tenha encontrando pensamentos e crenças que não são para qualquer um, e por isso foram descartados. É com você avaliar sua circunstância atual e ver se a ideia pode ajudá-lo em seu voo ou se é uma distração. Não deixe pensamentos que parecem brilhantes desviarem você de sua rota par o sucesso – nem toda ideia foi feita para se sua.

Recomendações na posição invertida

Seus pensamentos criativos foram tão bons que suas ideias estão aparecendo por todos os lados. Parece que suas ideias estão sendo copiadas e usadas por outras pessoas. Ir atrás de cada coruja plagiadora é uma perda de tempo, então as guardiãs estão pedindo que mude o jeito de pensar. Em vez de ficar bravo ou decepcionado, transmute esses pensamentos em outros, positivos. Você voou tão alto e alcançou tantas coisas que seu trabalho é algo que os outros querem para si mesmos. Lembre-se de quão incrível você é, e confie que você será guiado a criar ideias ainda mais abundantes.

Oito de Espadas

O plano não foi tão bom quanto esta Coruja de Espadas achou que seria. Ela teve a ideia brilhante de se aconchegar em trapos de tecido, mas, em vez disso, ficou presa nas tiras. Agora ela está pensando na melhor maneira de se livrar da situação em que se meteu. Apesar de no começo ter entrado em pânico e pensado que iria ficar presa para sempre, ela percebe agora que as tiras estão frouxas, e que conseguirá pensar em um jeito de escapar.

Sabedoria na posição correta

As maiores armadilhas em que caímos são as de nossa própria mente. Se você acredita que está preso e inconsolável, então é isso que vai se refletir em sua realidade. Quando um problema se apresenta a você, em vez de pensar que algo está dificultando o seu caminho, pense nisso como um desafio que você precisa resolver. Sempre há amarras soltas ao redor de suas circunstâncias. Se você se concentrar em se manter calmo e curioso, vai achar um jeito de sair dessa.

Recomendações na posição invertida

Sua posição agora é tão ruim que você está apressado para sair dela. Você pode até achar que é mais trabalhoso desfazer esse nó que ficar preso nele. Está esperando que se ficar preso por tempo o bastante alguém vai ajudá-lo a se soltar? Isso pode acontecer e ser o caminho mais fácil, mas suas amarras também podem encolher e ficar mais e mais apertadas, impedindo que você saia. Em vez de esperar alguém salvá-lo, você tem todo poder e conhecimento de que precisa para se livrar desse confinamento.

Nove de Espadas

Sentada nos prados com a proteção das Espadas, esta coruja está tentando tirar um cochilo. Seu sono foi perturbado por conta dos pesadelos recorrentes que a estão atormentando. Ela sabe que a origem dos pesadelos é uma situação estressantes a qual está tentando resolver. Em vez de procurar uma solução, sua mente está presa em uma espiral de resultados negativos. Para sair desse estado mental, ela deverá parar de se obcecar com os piores cenários e se focar em resultados positivos.

Sabedoria na posição correta

Não saber o que vai acontecer pode ser assustador, de vez em quando. Pode fazer seus pensamentos se fixarem em coisas infelizes que podem acontecer. Esses pensamentos podem levar a noites de insônia, com você se estressando pelos resultados desagradáveis. As boas notícias são que esses bloqueios são apenas uma resistência às oportunidades abundantes que estão prestes a aparecer em sua vida. Se puder realocar seus pensamentos nas suas intenções e decidir tomar uma ação em direção aos seus objetivos, mesmo que de início a ação pareça desconfortável, você logo estará livre desse pesadelo.

Recomendações na posição invertida

O Nove de Espadas invertido sugere que seus problemas têm se arrastado por tanto tempo, sem resolução, que eles agora estão profundamente gravados em seu subconsciente. Para sair dessa mentalidade, você precisará trabalhar mais sua mentalidade, e a cura vai tomar lugar. Investigue as ferramentas práticas que podem ajudar você a se livrar dos bloqueios e das crenças limitantes. Você criou, inconscientemente, esses pensamentos em sua mente, e agora eles estão afetando a sua realidade, mas você pode, conscientemente, limpá-los. Você tem todas as espadas necessárias para cortá-los de si.

Dez de Espadas

As Espadas cravadas nas costas e nas asas desta coruja podem fazer parecer que é o fim. Na realidade, é o posto. Para que esta coruja ganhe mais magia com suas espadas, ela precisa destravar as energias de seus meridianos. Esta é a maneira mais rápida que ela pode pensar para fazer isso acontecer. Ela está passando por uma dor temporária para um resultado extraordinário.

Sabedoria na posição correta

Às vezes o final que você achou que chegaria não acontece do jeito que você achou que seria. Pode ser mais doloroso do que você originalmente planejou, mas se aguentar e se render ao momento por mais um pouquinho de tempo, você alcançará um grande sucesso logo depois. Você é a completude desta jornada. Fique firme.

Recomendações na posição invertida

Você está pronto para abrir mão? Você voou por um caminho difícil e finalmente alcançou o final desta aventura. Não foi nada do que você esperava, e você não quer aceitar que é assim que acabou. Ainda há coisas que você quer mudar, e você está segurando firmemente o passado com suas garras. Pare de estar em negação – acabou. Prepare-se para abrir suas asas. Um novo caminho espera por você, mas só se puder abrir mão desse.

O Bando de Pentáculos

As corujas ricamente coloridas de Pentáculos, com um verde e amarelo cuidadosos, estão profundamente conectadas à terra. Elas vão aterrá-lo em suas inspirações e pensamentos, e vão ajudá-lo a obter os recursos para atingir suas metas no plano físico.

Ás de Pentáculos

Os filhotes de corujas do bando de Pentáculos sempre nascem próximos a uma moeda de ouro para garantir abundância, saúde e fortuna. As Corujas Guardiãs sabem que nunca é cedo demais para desbloquear seu mais alto potencial e seus códigos de prosperidade. Essa nova e sortuda adição ao grupo será provida com todos os recursos de que precisa para crescer e se tornar uma Coruja Guardiã bela e mágica.

Sabedoria na posição correta

A Sorte está ao seu lado! Uma nova ideia sobre dinheiro e fortuna entrou no seu radar. Você vai começar uma jornada abundante, cheia de oportunidades e possibilidades positivas. Antes de saltar do ninho e decolar com sua nova ideia, garanta que você tem um plano sólido. A sorte e a magia podem levá-lo longe, mas a segunda parte dessa conta é sobre aterrar essas energias na realidade mais eficaz.

Recomendações na posição invertida

Uma oportunidade abundante voou por você recentemente. Você pode não a ter visto como uma oportunidade positiva e perdido completamente a chance de ganhar riqueza, e finalmente percebeu o que aconteceu. Não fique pensando nos "E se". Voe além. Há outras oportunidades a sua frente que estão prontas para se renovar. Se focar no que não funcionou, você também perderá as oportunidades que estão vindo em sua direção.

Dois de Pentáculos

Esta coruja brincalhona em treinamento está praticando sua magia com duas moedas de Pentáculos. Ele precisa saber fazer multitarefas e apender como levitar dois ou mais itens no ar ao mesmo tempo. No começo era esforço de mais tentar equilibrar energias diferentes, mas com a prática, ficou cada vez mais fácil. O segredo desta coruja para o sucesso é ficar calada e se concentrar em dar um passo de cada vez.

Sabedoria na posição correta

Você pode estar equilibrando duas coisas ao mesmo tempo, como a Coruja de Pentáculos, mas não é tão difícil quanto parece. Quando analisa a situação e bate as asas, uma de cada vez, não é tão trabalhoso quanto você havia pensado. Na verdade, você está ficando realmente bom em fazer duas coisas ao mesmo tempo – pode até estar pronto para mais tarefas! Enquanto estiver curtindo o seu trabalho e ele estiver trazendo alegria, continue ocupado nesse fluir.

Recomendações na posição invertida

Às vezes assumimos responsabilidades demais e nem percebemos isso. Nós nos levamos ao nosso limite, pensando que estamos bem. Talvez seja hora de analisar a situação atual e estabelecer novos limites para você não ficar exausto de tanto trabalhar. Está tudo bem abandonar uma tarefa, especialmente se ela estiver mantendo você longe de suas metas.

Três de Pentáculos

Coletar e organizar recursos é uma das principais tarefas das corujas do bando de Pentáculos. Elas adoram achar moedas de ouro e usar seu poder mágico para o Reino. Essas caçadas empolgantes às moedas de ouro são sempre feitas em times para que as coisas sejam feitas mais rápido e mais facilmente. Cada Coruja Guardiã tem um talento especial com que contribui na caçada.

Sabedoria na posição correta

Quando estiver trabalhando em equipe, encoraje cada um a contribuir de maneiras que destaquem seus talentos. Cada um tem seu método genial para ampliar o sucesso de um time. Tenha um plano geral sólido com que cada membro do time concorda, e busquem juntos o mesmo objetivo. Enquanto cada pessoa está aparecendo para fazer o trabalho e contribuir com a magia, elas podem tomar caminhos diferentes para atingir o objetivo. Trabalhe com um time no qual você confia cegamente e veja sua meta ser atingida.

Recomendações na posição invertida

O time com o qual você está trabalhando não tem disciplina e concentração. Talvez esteja na hora de voltar para o planejamento e descobrir qual é o objetivo e porque todos vocês estão nesse trabalho. Você também pode querer trocar alguns membros ou dividir o time se vocês não estiverem todos na mesma página. Para voar com sucesso, todas as partes têm que estar trabalhando juntas.

Quatro de Pentáculos

Você foi convidado a olhar as moedas douradas, mas tome cuidado para não as tocar, ou pode ter as mãos bicadas por essa coruja séria. No Quatro de Pentáculos, esta coruja estoica está protegendo as moedas para que ninguém abuse dos recursos ou se permita o que não é necessário. Há regras sobre o uso de moedas de ouro que todas as corujas no reino seguem.

Sabedoria na posição correta

Gastar dinheiro pode ser divertido, mas, às vezes, economizar é ainda mais prazeroso. Agora, você pode estar tentado a investir seu dinheiro em algo que parece empolgante. Não deixe o brilho enganá-lo; seu dinheiro estaria melhor na sua conta bancária. Construa sua fortuna para gastá-la em coisas de qualidade, que trarão abundância para sua vida, em vez de desperdiçá-lo em tesouros inúteis. Seja sincero consigo mesmo – você realmente precisa disso?

Recomendações na posição invertida

Você é um grande poupador – tão grande que você dificilmente gasta qualquer dinheiro. Ao mesmo tempo que é importante gastar o dinheiro com coisas de qualidade, também é verdade que se você quer mais dinheiro, você precisa deixar o dinheiro fluir. Você precisa gastar dinheiro para ganhar dinheiro. Se você nunca gasta dinheiro, seu fluxo é bloqueado e a abundância não pode fluir. Deixa algumas moedas de ouro irem para que outras possam entrar.

Cinco de Pentáculos

Para virar uma guardiã, uma das corujinhas em treinamento se arriscou demais para grandes recompensas. Sua primeira missão classificatória era coletar mais moedas de ouro para seu bando na floresta encantada. A missão não correu tão bem, e ela se machucou no processo. Seu mentor apareceu para ajudá-la a voltar à toca. Enquanto eles voltavam, havia cinco moedas de ouro penduradas nas árvores, que poderiam ter sido usadas para completar sua missão.

Sabedoria na posição correta

Como a corujinha nesta carta, você pode ter investido em algo que achou que seria recompensador, mas que na verdade levou a uma perda de recursos ou dinheiro. Nem tudo está perdido; você tem ajuda ao seu redor. Se conseguir parar de se concentrar no problema e ver a situação por uma perspectiva diferente, você encontrará oportunidades penduradas logo acima de si, prontas para que as pegue.

Recomendações na posição invertida

Para sucedermos na vida, precisamos de uma rede de apoio sólida e de gente disposta a ajudar, ao nosso redor. É importante pedir ajuda. Porém, quando o Cindo de Pentáculos invertido aparece, ele quer que você preste atenção em quando você está pedindo ajuda, e para quem. Você está usando outras pessoas como muleta para atingir seus objetivos, ou você ainda é responsável pelas ações que estão criando seu próprio sucesso? Não dependa dos outros quando a ajuda não é necessária. Lembre-se, você tem seu valor, e você tem as ferramentas de que precisa para alcançar suas metas.

Seis de Pentáculos

Quando precisar de ajuda ou de mais recursos, você sempre pode visitar a toca abundante do Seis de Pentáculos. A principal Coruja Guardiã desse esconderijo de tesouros coletou riquezas suficientes para durar por cento e onze vidas ou mais. Ela é afortunada e sortuda por ter riqueza e segurança, e adora compartilhá-las com as outras corujas do reino. Simplesmente apareça na frente do lar de seu tesouro e peça sua ajuda.

Sabedoria na posição correta

O Universo e as suas Corujas Guardiãs estão ouvindo, e estão aqui para fornecer a você o que for necessário. A pegadinha é que eles não podem interferir no seu livre-arbítrio, então você deve pedir algo para que possa receber. Abra o seu bico e pie sua intenção com paixão. Depois de seu poderoso pedido, veja a abundância fluir em sua vida. Esteja aberto para receber bençãos e oportunidades.

Recomendações na posição invertida

Tanto o Reino das Corujas quanto nosso mundo vivem na energia cíclica de dar e receber. Não existe abundância se nós apenas damos e damos; não há abundância se nós simplesmente recebemos e recebemos. Você precisa pedir ajuda, estar aberto para recebê-la e dividir sua prosperidade com os outros. Dar e receber não são somente sobre dinheiro; também podem significar dar e receber tempo e sabedoria.

Sete de Pentáculos

Vamos parar e admirar o crescimento dessa bela árvore de moedas de que essa Coruja Guardiã tem cuidado. Fitando o trabalho de sua vida, parece que ela está muito contente com as moedas douradas e com as folhas do arbusto. O trabalho ainda não acabou – há mais moedas brotando –, mas ela sabe que essa planta será grande, forte e saudável.

Sabedoria na posição correta

Você tem trabalhado duro para coletar seus recursos e criar uma vida abundante. Os resultados de seus esforços finalmente estão sendo mostrados para que todos vejam. Você ainda não está na linha de chegada, então continue. Continue colocando tempo, energia e concentração para garantir o final que você deseja.

Recomendações na posição invertida

Pode parecer que você está na linha de chegada e que seu trabalho está completo. Você pode não querer ouvir isso, mas seu projeto precisa de incubação por mais um tempinho. Não precisa se apressa; essa é a confirmação para você tirar um tempo a mais para prestar atenção aos detalhes, para que você possa exibir seu melhor trabalho. Continue batendo asas e não desista agora – você vai amar seus resultados, e o trabalho terá valido a pena.

Oito de Pentáculos

Nossa mestra Coruja Guardiã de Pentáculos poliu estas moedas douradas à perfeição. Existe um método especial do bando para trazer o brilho e a magia das moedas. Apenas algumas corujas estão qualificadas para ativar os encantamentos das moedas. Essa mestra coruja praticou e estudou esse método e vem de uma antiga linhagem de polidores de moedas.

Sabedoria na posição correta

A mestra Coruja Guardiã não acordou um dia do nada e conquistou a arte do polimento mágico. Ela teve que investir longas horas de práticas para conquistas seu *status* atual. Tudo o que você quer conquistar pode ser seu – se você estiver disposto a investir tempo e trabalho para afiar seus talentos. O encantador de moedas profissional pratica uma nova habilidade de novo e de novo até que seja um hábito inconsciente arraigado em sua memória muscular. Concentre-se no seu objetivo, compareça, faça o trabalho, continue praticando, e você poderá ser o mestre de sua atividade. A cada dia, dedique tempo e energia para melhorar seu trabalho. Logo essas mudanças graduais vão se somar à uma maciça evolução de sua expertise.

Recomendações na posição invertida

Quando você é abundante de verdade, isso é em todas as áreas de sua vida, não apenas em uma categoria. Se você é um workaholic e ganhar dinheiro, riqueza e recursos é importante para você, mesmo depois de atingir o sucesso no papel, você vai se sentir vazio e insatisfeito por dentro. Seu trabalho, carreira, negócios, amor e saúde são todos um; eles não se separam. Se você só está focando em um aspecto de sua vida e ignorando os outros, isso não é abundância de verdade. Tire um tempo para prestar atenção em todo o seu ser.

Nove de Pentáculos

Os pêssegos e as moedas de ouro suculentos estão maduros para a colheita! O tempo de colher está aqui, e nossa Coruja Guardiã de Pentáculos tem esperado o ano inteiro por esse momento. Ela não pode esperar para aproveitar os frutos de seu trabalho. Ela sabe que os pêssegos vão ter um gosto ainda melhor que os de fruta comprada, porque investiu bastante tempo e energia para cultivar um produto incrível.

Sabedoria na posição correta

As Corujas estão te dando um "high five" alado porque esta é a sua carta da abundância. Essa é a carta da prosperidade, da riqueza e do dinheiro que representa as riquezas materiais que estão vindo até você. Você merece tudo que está recebendo em sua vida. Os resultados milagrosos que você está vendo agora são por causa de seu planejamento intencional e porque você agiu alinhado a seus objetivos. Aproveite o seu sucesso! Suas Corujas Guardiãs estão celebrando neste momento!

Recomendações na posição invertida

Você acumulou fortuna e criou riqueza em sua vida, mas agora você está duvidando do seu trabalho duro. Talvez você não tenha certeza se poderá manter a abundância, se poderá replicar o sucesso novamente, ou se alguém virá e tomará tudo de você. Não se prenda nessas crenças limitantes; você sabe, no fundo, que elas não são verdades. Continue construindo sua fortuna e não pare agora. Voe o quão alto você puder. Se você tiver disciplina e comparecer para fazer seu trabalho, você terá uma colheita abundante novamente.

Dez de Pentáculos

Esta bela família de corujas está reunida em frente a sua nova casa para lhe dar as boas-vindas. As abundantes moedas de ouro que estão estocadas em seu ninho podem auxiliar múltiplas gerações que ainda estão por vir. A matriarca dessa família trabalhou duro para garantir riqueza financeira, e ela criou uma dinastia mágica para o futuro de sua linhagem não ser penoso. Seus descendentes serão abençoados para sempre com recursos e prosperidade.

Sabedoria na posição correta

O Dez de Pentáculos é a carta da realização da prosperidade, uma confirmação de que você tem apoio em todas as áreas de sua vida. As oportunidades que lhe foram dadas e todas as suas conquistas levaram-no a esse momento de poder. Você está no seu auge, e você está criando um legado não só para si, mas também para toda sua família e amigos. Parabéns! Você voou para além de todas as expectativas.

Recomendações na posição invertida

Seu sucesso, recursos materiais e dinheiro podem parecer incríveis no papel, mas há algo faltando por dentro. Mesmo com todas essas vitórias, você se sente insatisfeito e sem propósito. Não há mágica ou alma nas suas conquistas. Voe de volta para onde você começou essa aventura. Olhe para todas as bênçãos que vieram à sua vida e aprecie cada uma delas. Daqui em diante, tome decisões que criem fortuna e estejam alinhadas aso seus sonhos mais selvagens.

O Bando de Copas

As corujas compassivas, rosa e roxas do bando de Copas representam a água e a emoção, e elas o ajudam a construir relações de apoio para a sua jornada.

Ás de Copas

Esta corujinha recém-nascida feliz, recebida amorosamente por todas as corujas do bando de copas, já está construindo lindas relações com sua família e comunidade. Os bebês deste grupo de corujas são celebrados e banhados com beijos e abraços assim que irrompem de seus ovos. Isso é provavelmente o motivo pelo qual as Corujas Guardiãs de copas são tão compassivas e compreensivas. Elas são ensinadas a seguir seus corações e a ouvir suas emoções e intuição.

Sabedoria na posição correta

Uma nova relação eclodiu em sua vida, e este é um momento muito empolgante e feliz. Agarre a oportunidade de ir mais fundo nessa conexão, antes que a perca. Deixe seu coração e seus desejos internos o guiarem a dizer sim para essa oportunidade repleta de um potencial ilimitado. Encha sua taça com lindas bênçãos para que transborde de criatividade, alegria e abundância pela sua nova aventura.

Recomendações na posição invertida

Começar uma nova relação com alguém ou dar à luz um projeto criativo exigem comprometimento e tempo. O Ás de Copas invertido está mostrando que você pode estar indo com tudo nesta jornada, mas sua energia pode não o ajudar neste momento. Você precisa ter certeza que sua própria taça esteja cheia antes que comece a dar e a compartilhar. Não dependa dos outros para encher sua taça; só você pode decidir sentir felicidade, abundância e amor.

Dois de Copas

É um momento de aquecer o coração testemunhar estas duas corujas se unirem para um chamego. Elas foram colegas de brincadeira e amigos de confiança por todas suas vidas e recentemente perceberam que sua relação é mais profunda que isso. Ambas as Corujas Guardiãs sentem que agora é a hora de explorar as emoções poderosas que têm uma pela outra, e elas estão prontas para levar sua conexão para uma próxima etapa.

Sabedoria na posição correta

Alguém que está voando para sua vida vai revirar suas emoções e sentimentos. Esta conexão profunda é mais que simplesmente atração física; é em um nível espiritual. Você está imediatamente consciente da centelha que despertaram um no outro, e é muito fácil se você mesmo perto dessa pessoa. Esta relação não é apenas a de amantes apaixonados; também pode representar o início de uma linda e acolhedora amizade.

Recomendações na posição invertida

Talvez você tenha resguardado seu coração por tempo demais, e agora essa relação que está crescendo não pareça bem-vinda. Os sentimentos e emoções dessa conexão pegaram você de surpresa, e você está muito resistente às mudanças que estão acontecendo. Permita-se abrir mão do que você acha que pode acontecer baseado em experiências anteriores. Essa relação é completamente diferente das que aconteceram anteriormente, então abra seu coração e se dê – e à conexão – uma chance para o sucesso.

Três de Copas

Estre trio de corujas do bando de Copas se une no ar a cada semana para celebrar suas conquistas. Reunir-se com amigos e brindar pode parecer bobagem, mas tem sido um ritual poderoso que as ajudou a conquistar vários objetivos. O círculo de alegria que elas criaram as ajuda a começar a semana se sentindo apoiadas, amadas e cheias de energia vibracional de alta frequência.

Sabedoria na posição correta

Vai lhe trazer muita alegria se você se reunir com seus amigos, família ou colegas de trabalho para uma celebração, hoje. As corujas o encorajam a sair, se divertir e se soltar. Estar por perto de outros indivíduos que pensam igual a você será benéfico ao seu bem-estar emocional e espiritual. Separe um tempo para brindar a sua abundância e saudar o seu venturoso sucesso.

Recomendações na posição invertida

Às vezes é bom ser uma coruja sozinha no céu, mas não agora. Rejeitar convites e querer estar sozinho vai impedir que muitas oportunidades apareçam na sua vida neste momento. Abra suas asas, pie seus convites e junte-se a uma rede de apoio de cuja companhia você gosta. Deixe seus amigos e família o ajudarem a entrar em um estado de alegria para que você consiga atrair as bênçãos que deseja.

Quatro de Copas

Sentada sob a árvore da sabedoria, esperando por um pouco de inspiração intuitiva, esta Coruja Guardiã está desapontada porque nada está aparecendo. Geralmente, trabalhar com as três taças permite que ela receba as respostas que procura, mas não hoje. Quatro são necessárias, e ela não trouxe tantas. Ela está tão chateada que não enxerga uma quarta taça sendo oferecida a ela por outra sábia coruja.

Sabedoria na posição correta

Emoções de insatisfação passam por você. O que funcionou antes para você não está funcionando mais, e você se sente sem inspiração. Em vez de se sentar e esperar sua realidade mudar, é hora de olha para fora de sua situação atual. Procure a taça extra que lhe está sendo ofertada e implemente ações diferentes. O que você pensa que está faltando na verdade não está – está bem na sua frente. Você só precisa enxergar.

Recomendações na posição invertida

O tédio é algo concreto. Geralmente ele decola quanto não estamos sendo desafiados e nos sentimos emperrados em nossas vidas. Ninguém pode tirá-lo desse lugar. A única pessoa que pode impedir que você esteja entediado é você mesmo. Mexa-se um pouco e mude seu cenário. Mexa-se um pouco e mude sua vibração. Cantar, dançar, ou ouvir música podem tirá-lo dessa estagnação. Encontre algo que funcione para você.

Cinco de Copas

Lágrimas escorrem do rosto desta Coruja Guardiã porque ela recebeu a tarefa importante de vigiar cinco taças, e ela deixou três dela derramarem. Parece que é o fim do mundo, mas nesse momento de desespero ela não percebe que há um lago por perto, disponível para que encha as taças. Inevitavelmente, depois de lamentar um pouco e olha para cima, ela perceberá que nem tudo está perdido.

Sabedoria na posição correta

O Cinco de Copas está ligado a algum tipo de perda, mas não precisa ser negativa. Você pode escolher ver este problema como um desafio ao se concentrar em como resolvê-lo. Tire um tempo para honrar e respeitar os sentimentos que estão surgindo, e então mude para emoções conectadas ao resultado que você almeja. Se olhar ao redor, você logo perceberá que há toda uma fonte de abundância esperando por você, e que a perda será facilmente reparada.

Recomendações na posição invertida

Existe uma experiência do passado a qual você está se apegando e, possivelmente, talvez até se obcecando. Se você continuar pensando nas emoções que essa experiência causou, então você não conseguirá ascender à próxima etapa em seu sucesso. Depene o que não está mais funcionando, abandone as emoções que não mais lhe servem e supere o pesar que está mantendo você empacado.

Seis de Copas

Nos prados, duas irmãs corujas estão aproveitando um dia de passeio cheio de gororobas deliciosas e flores perfumadas. A coruja mais velha divide suas minhocas gourmet com a mais nova e se lembra de como seu irmão mais velho a levou em um passeio parecido, quando ela mesma era uma jovem coruja. Essa linda experiência vai criar memórias positivas para ambas as irmãs.

Sabedoria na posição correta

Uma onda de nostalgia despertou memórias felizes, e os sentimentos estão em revoada. Lembre-se dos momentos felizes que o ajudaram a criar a vida que tem hoje. Memórias são uma das ferramentas mais poderosas para nos ajudar a controlar as emoções e ficar em uma boa vibração. Se deseja continuar nesse estado de graça, simplesmente voe de volta para uma época em que você sentiu as emoções que mais queria sentir e as experimente novamente. Simples assim.

Recomendações na posição invertida

Algumas pessoas estão sempre presas no passado, lembrando os dias felizes de outrora. Memórias felizes do passado podem ser viciantes. Não se deixe prender tanto em reviver o passado que você não se concentre em avançar em direção futuro. O que aconteceu no passado acabou, então é hora de seguir em frente e criar novas memórias que tragam alegria.

Sete de Copas

Esta Coruja Guardiã está tendo um dia incrível. Seus amigos do bando de Copas apareceram para deixar alguns presentes incríveis para ajudá-la a ampliar sua magia. Ela sabe que só pode escolher um para trabalhar hoje, para que não fique sobrecarregada. Agora, ela está lentamente considerando cada taça e permitindo que sua intuição a guie para escolher uma que seja perfeita para ela.

Sabedoria na posição correta

Você tem muitas opções disponíveis para si nesse momento, e todas elas parecem super mágicas. Há muitas opções boas, e parece que cada uma delas pode ajudá-lo. Em vez de tomar uma decisão impulsiva, vá no seu tempo. Qual é a melhor possibilidade para você? Feche seus olhos, conecte-se aos seus sentimentos que associa a cada opção e ouça a sua intuição. Qual dessas escolhas traz alegria ao seu coração? Essa é a que você deve dizer sim, mesmo que pareça assustadora.

Recomendações na posição invertida

O Sete de Copas invertido despeja todas as escolhas das taças e revela seus detalhes. Você está recebendo uma oportunidade única de bicar cada uma das opções e descobrir mais informações antes que precise escolher uma delas. Essa é uma excelente oportunidade para você agir. As taças não vão ficar esperando para sempre, então sacuda suas penas e pegue uma delas e tome uma atitude.

Oito de Copas

Algo sobre as oito taças largadas na praia não parecia legal para esta Coruja Guardiã. Em vez de se demorar para descobrir o que estava errado, ela confiou em sua intuição e imediatamente deu as costas e voou para longe das taças suspeitas. Seu instinto nunca a levou para o lugar errado, e ela que não deve ir contra isso.

Sabedoria na posição correta

Você também está recebendo dicas e sentimentos internos de que deveria voar para longe de uma situação? Se afastar de uma pessoa ou tarefa que o está drenando emocionalmente é o certo a se fazer. Mesmo que você esteja em uma relação ou trabalhando num projeto há um tempo, se afastar de algo que não está trazendo alegria é a decisão correta. Ouça a sua intuição e decole. No começo, seu coração pode ficar pesado, mas esse sentimento vai durar pouco tempo.

Recomendações na posição invertida

Quando você está trabalhando com as energias do Oito de Copas invertido, a Coruja Guardiã está aqui para ajudá-lo a quebrar sua resistência. Parece que quando confrontado com por um desafio, ou mudança, sua programação habitual é fugir em vez de trabalhar nisso. Há um lugar e um tempo para se recolher, e não podemos ignorar tudo. Descubra de qual oportunidade você está fugindo. Vire-se e encare as circunstâncias para finalmente resolver isso. Se não cuidar da situação agora, você vai trombar nela repetidamente, e vai ser cada vez mais e mais difícil superá-la.

Nove de Copas

De asas abertas, esta coruja está mostrando a sua radiante coleção de taças raras a qual ela batalhou duro para conquistar. Ela viajou por anos por todo o Reino das Corujas para encontrar essas nove taças específicas que contêm uma magia poderosa. Ela o está recebendo em seu lar para ver essa incrível exibição, e ela está prestes a dividir com você as aventuras mágicas de como ela adquiriu cada taça.

Sabedoria na posição correta

As diversas aventuras em que você esteve levaram o seu principal desejo a ser satisfeito. Você nunca sentiu tanta alegria e contentamento em sua vida. Alcançar seus objetivos e receber a conquista de uma vida toda é extremamente satisfatório. Abra suas asas mágicas, abrace esse momento extraordinário e espere que mais bênçãos flutuem na sua vida. Seu desejo virou realidade!

Recomendações na posição invertida

Mesmo com tudo que conquistou, você está cedo pelo desejo de mais. Não há nada de errado em querer mais abundância, mas, para prosperar, você precisa apreciar o que já tem. Não olhe para os lados e compare suas vitórias. Pratique a gratidão pelos desejos que já foram atendidos. Quando você é grato, mais oportunidades positivas virão até você.

Dez de Copas

O que mais essa família de Corujas de Copas pode querer? Elas estão aproveitando um lindo dia no campo e sentindo uma felicidade profunda em seus corações. Se juntar e passar um tempo com os seus entes queridos é um ritual comum no bando de Copas. As Corujas de Copas sabem que estar em uma comunidade que as apoia e celebra suas conquistas vai trazer mais harmonia e riqueza para cada indivíduo.

Sabedoria na posição correta

Esta é a sua hora de voar alegremente sob o arco-íris com sua família e amigos. Parabéns por ter alcançado um dos seus maiores objetivos. Um lembrete importante das Corujas Guardiãs: lembre-se que a felicidade divina não é somente sobre o dinheiro que você tem ou ser bem-sucedido na carreira – quando você compartilha a empolgação com os outros é quando você realmente está satisfeito. Junte seus amigos alados e celebre sua grande vitória.

Recomendações na posição invertida

O Dez de Copas invertido sugere que nem tudo é o que parece. A vida que está sendo mostrada pode parecer linda na foto, com sorrisos estampados na cara de todo mundo, mas não é isso que está sendo sentido por dentro. Sempre seja sincero com o que lhe traz alegria e não deixe os outros decidirem como você deveria se sentir. Seu arco-íris o espera, então voe para seus objetivos com o coração totalmente aberto, e você poderá conquistar tudo o que deseja.

Capítulo 5

As Cartas da Corte

Enquanto voamos pelos naipes, eventualmente você vai conhecer a família real que governa cada um dos bandos. Cada linha real consiste em um Pajem, um Cavaleiro, uma Rainha e um Rei. Os Pajens da corte são as corujas mais jovens. Eles foram escolhidos pelo bando para serem iniciados nos deveres reais. Não sabemos o que aprendem nas quadras dos palácios, porque isso é um segredo. Depois de completarem seus deveres de pajem, eles vão receber missões divinas do reino como cavaleiros corajosos. Vão continuar na cavalaria até que o reino esteja pronto para sucessão das Rainhas e Reis de cada bando.

Pajens

Essas jovens corujinhas estão na fase inicial de sua jornada, e estão no caminho de se tornarem Corujas Guardiãs. Elas são curiosas, prontas para estudar e empolgadas para aprender a magia do Reino, para que um dia possam conquistar seu lugar como Rei ou Rainha do bando.

Pajem de Paus

O Pajem aventureiro do bando de Paus acabou de voltar de uma caçada. Os cavaleiros estavam ensinando os Pajens como caçar comida. Essa coruja entusiasmada adora um bom desafio, e foi a que mais capturou lagartos durante esta experiência de aprendizado. Ela arqueia as sobrancelhas para perguntar se você gostaria de desafiá-la em mais um *round* de caça ao lagarto.

Sabedoria na posição correta

Em vez de ver uma experiência de aprendizado como uma tarefa árdua, transforme-a em um jogo. Aproxime-se de suas lições com uma curiosidade brincalhona e permita a sua paixão pela diversão a levá-lo a cumprir suas tarefas. Em vez de esperar sentado por não ter certeza do que fazer, levante-se, tome uma atitude e ganhe experiência na prática. Não há nada a perder, então bata suas asas e vá atrás do seu lagarto!

Recomendações na posição invertida

Confiar em si mesmo é sempre uma obrigação quando se está aprendendo uma nova tarefa. O que você precisa prestar atenção é para não ficar confiante demais e liderar através do seu ego. Gabar-se de quão bom você é não combina com ninguém. Tenha fogo pelo que você está aprendendo, mas pare com o exibicionismo. Concentre-se em completar suas tarefas da melhor forma possível. Você tem o que é preciso para chegar ao topo – isso se você for humilde.

Pajem de Espadas

O que você acha da boina do Pajem? Ele está muito orgulho de seu novo acessório e acha que faz ele parecer muito inteligente. Acontece que ele não precisa do chapéu para o ajudar, porque ele é muito inteligente. Ele está aprendendo como manusear as Espadas na velocidade da luz e já é o aluno número um na aula de magia com espadas!

Sabedoria na posição correta

Assim como o Pajem de espadas, você ama aprender, e aprende as coisas bastante rapidamente. Você é um aprendiz ágil, e a informação se prende magicamente em sua mente. Se você está sendo convidado a aprender algo novo, esta carta é sua confirmação para ir atrás disso. Você vai começar como um Pajem, mas num piscar de olhos já estará em uma posição acima.

Recomendações na posição invertida

Ser um aluno e aprender pode ser bastante viciante, mas você não pode ter aulas para tudo na vida. É hora de implementar tudo o que já aprendeu. Saia por aí e teste algumas estratégias. Não fique preso no "aluno para sempre" porque este é um hábito de autossabotagem que vai impedi-lo de voar atrás do sucesso.

Pajem de Pentáculos

O Pajem de Pentáculos cumprimenta você com um aceno alegre. Ele está muito empolgado para mostrá-lo os campos e tocas do bando de Pentáculos. Essa coruja será o melhor guia que você pode ter, porque ela é muito paciente. Essa parte do Reino é cheia de todos os tipos de plantas, alimentos e moedas de ouro. Tudo de que você precisa pode ser encontrado aqui, e ela está disposta a dividir tudo com você.

Sabedoria na posição correta

O início de sua nova aventura será um começo próspero. Para garantir que o sucesso continue, tenha certeza de checar dupla e triplamente sua lista de suprimentos, para que você esteja preparado para qualquer coisa. Atenha-se ao seu plano, faça boas anotações e seja paciente em sua jornada. Aproveite cada etapa da experiência enquanto você trabalha pelo seu objetivo.

Recomendações na posição invertida

O trabalho tedioso de aprender algo novo pode ser muito entediante, mas é importante que você estude a base de seu ofício antes de ir para a próxima etapa. Mesmo que você tenha aprendido parte do processo anteriormente, não lhe foi ensinado este exato sistema. Não presuma que você não precisa se esforçar ou que já sabe de tudo. A chave para um sucesso estrondoso - e a chave para ir para o próximo nível – é levar tudo com um passo de cada vez. Seja meticuloso com o seu trabalho. Você só precisa aguentar essa rotina cansativa por um período curto, então mantenha os olhos no troféu e continue.

Pajem de Copas

Conheça o Pajem mais artístico e o seu amigo, o peixe mágico. Essa coruja coloca seu coração em tudo que faz, e tem as ideias mais criativas. Ela ama criar arte com as folhas e flores das florestas do bando de Copas, e é uma das corujas mais bondosas do Reino. Ao aprender os caminhos das corujas, ela confia em sua intuição e toma decisões baseadas em seus sentimentos, o que lhe tem sido útil.

Sabedoria na posição correta

Começar algo novo pode ser empolgante e exaustivo ao mesmo tempo. Em vez de reagir ao que você está vivendo, esteja alerta ao que você está sentindo. Antes de agir, observe como você se sente. Permita que sua intuição o guie em sua jornada. Concentre-se em seu coração e deixe a sua alegria guiá-lo em seu voo.

Recomendações na posição invertida

Quando o Pajem de Copas está invertido, você pode se sentir mais mal-humorado que o normal. As emoções estão mais fortes, e mesmo as menores coisas podem deixá-lo muito sensível. Aprenda como liberar suas emoções de uma maneira saudável e tente encontrar conforto nesse turbilhão de sensações. Talvez tenha um amigo com quem você possa falar que vai permitir que você se livre dessas energias inquietas. Você pode não sentir um alívio imediato, mas assim que se soltar de suas emoções negativas, conseguirá se apaixonar por sua aventura novamente.

Cavaleiros

Os cavaleiros galantes do Reino das Corujas vão aplicar o que aprenderam através de seus estudos e entrar em ação. Em vez de acumular conhecimento em aulas e livros, eles estão ganhando sabedoria por meio de experiências práticas.

Cavaleiro de Paus

À distância, através dos cânions, conseguimos um vislumbre do Cavaleiro de Paus entrando em ação e garantindo uma salamandra para o lanche do dia! Esse Cavaleiro Coruja está sempre entusiasmado; ele ama entrar em aventuras cheias de ação. Se você precisa de um príncipe encantando, é essa a Coruja Guardiã que você deve chamar.

Sabedoria na posição correta

Voe e siga sua paixão. Você dedicou tempo ao estudo de sua arte, e agora você está preparado para dar o pontapé inicial. Coloque sua armadura mais reluzente e seja corajoso. Você ganhará bastante apoio tomando decisões grandes e corajosas. Não se contenha – dê o melhor de si.

Recomendações na posição invertida

A Coruja Guardiã está lhe dizendo para se segurar e considerar quais atitudes você está tomando, antes de ir com tudo. A decisão que você tomou é muito impulsiva e não muito bem pensada. Você precisa treinar um pouco de cautela antes do próximo passo. Fique frio, volte aos seus objetivos e trace os planos adequados antes que você falhe.

Cavaleiro de Espadas

Uma grande rajada de ar pega você desprevenido, e você vê um clarão de asas pelo canto de seus olhos. Este é o Cavaleiro de Espadas, fazendo sua entrada. Essa coruja inteligente está sempre em movimento, muito ocupada, entregando mensagens e pacotes para o Rei e a Rainha do bando de Espadas. Ele tem um trabalho importante, e o faz bem. Ele não só é a coruja mais rápida do Reino, mas também memorizou todo o mapa, dos céus e da terra.

Sabedoria na posição correta

Você terá sucesso em sua missão se agir agora e rapidamente. Aproxime-se de suas tarefas com inteligência e velocidade, e siga os ventos. Não precisa duvidar de si mesmo, você treinou direito para isso e sabe exatamente o que precisar fazer para ter sucesso. Se você se concentrar no seu objetivo e seguir a estratégia que tem em mente, vai capturar essa vitória.

Recomendações na posição invertida

Diminua a velocidade do seu voo, corujinha. Você tem voado rápido demais e passado direto por todos os pontos de controle que poderiam ajudá-lo com sua jornada. Apressar só vai fazer isso demorar mais porque você terá de voltar, em círculos, para consertar as coisas. Em vez de investir na linha de chegada, mexa-se num ritmo estável e preste atenção a toda informação que cruzar o seu caminho.

Cavaleiro de Pentáculos

Tudo está bem no Reino. Este Cavaleiro do bando de Paus está fazendo suas rondas diárias. Ele vasculha a floresta em busca de algo estranho e se reporta à corte. Ele prefere andar ao voar para poder gastar um tempo em sua patrulha. Uma das tarefas mais agradáveis designadas a esse Cavaleiro é categorizar todos os detalhes da terra durante suas rondas e dividir essa informação com os cartógrafos.

Sabedoria na posição correta

Um voo lento e constante vence a corrida. Ter intenção em todas suas decisões o ajudará a alcançar seus objetivos mais rapidamente que correr até a linha de chegada. Concentre-se no momento presente e no que está vivendo agora em vez de se adiantar demais e perder etapas. Você deve reconhecer o terreno e todos os seus detalhes antes de levantar voo.

Recomendações na posição invertida

Arrastar suas asas e resistir a voar podem levá-lo a ficar preso em sua situação atual. Você não precisa saber todas as especificidades antes de agir, e não se espera que você faça tudo com perfeição. Neste caso, você precisa sair do solo e tomar uma atitude imperfeita. Mantenha sua energia e seu ritmo se movendo em direção aos seus objetivos.

Cavaleiro de Copas

O Cavaleiro de Copas é o Romeu do Reino. Essa corujinha mega-charmosa inspira seus amigos e família a encontrar a alegria e o amor todos os dias. Em tudo o que ela se propõe a fazer, sua missão é sempre seguir seu coração. Isso permite que ela se expresse com autenticidade e demonstre sua compaixão. Seu copo está sempre cheio de gratidão. Se estiver procurando um príncipe encantado, ele vai voar direto até você.

Sabedoria na posição correta

Sempre pie sobre o que você está fazendo. Tenha certeza que está amando a vida como a coruja do Cavaleiro de Espadas. Tire um tempo para ouvir seu coração. Descubra o que traz alegria e felicidade a você. O que você quer fazer? Quem você quer ser? Como você pode criar uma vida que você ame? Quando você persegue o que você realmente deseja com todo seu coração, você sempre vai ter sucesso.

Recomendações na posição invertida

Quando a energia dessa cara é proeminente em sua vida, você pode estar se metamorfoseando em um bajulador de pessoas, virando alguém que faz tudo para todo mundo. Você realmente quer ajudar, mas você também deseja atenção. Fazer outras pessoas felizes pode ser bom por um tempo, mas no fundo do seu coração você sabe que as ações que está fazendo não estão alinhadas com seus desejos. Eventualmente, isso vai se tornar desafiador e exaustivo. Trabalhe para estabelecer limites sólidos com seus amigos e sua família para que você possa balancear as trocas de energia em suas relações.

Rainhas

As Rainhas dos bandos se sentem confortáveis em expressar sua autenticidade e estão aqui para inspirá-lo. Elas sempre enxergam o seu potencial infinito e desejam que você conquiste mais. Encontrar com frequência as Rainhas dos bandos pode significar que você está assumindo um papel de liderança e se sente realizado e no controle de sua vida.

Rainha de Paus

Cercada de girassóis em flor, a coruja Rainha de Paus parece radiante e confiante. Ela domina seu trono. Ela tem, constantemente, ideias inovadoras para o bando de Paus e é apaixonada por apresentar coisas novas e excitantes que levam à expansão e ao crescimento. Quando uma ideia é acesa, esta Rainha não hesita em tomar o controle e fazer acontecer. Ela é uma líder incrível para suas corujas e acompanha de perto e pessoalmente todas as atividades. Se você precisa de uma Rainha poderosa ao seu lado, que vai executar as coisas, voe para uma audiência com a Rainha de Paus.

Sabedoria na posição correta
Você está numa posição de liderança e tem a experiência o ajudando. O amor pelo que faz e a paixão que tem pelos outros mantém você compelido e focado em seu objetivo. Há uma magia e um poder em você que atraem naturalmente os outros para si. Continue se apresentando seu eu como uma Rainha confiante, porque é hora de inspirar os outros, liderando pelo exemplo.

Recomendações na posição invertida
Às vezes, as pessoas não entendem porque você trabalha tão duro, porque elas não entendem sua paixão. Mesmo que você explicasse para elas porque faz o que faz e quão importante é para você, elas talvez não conseguissem ver pelo seu ponto de vista. Está tudo bem ser focado e ousado sobre o que faz, mas não jogue para os outros porque isso não é para qualquer um. Divida os seus desejos com quem está na mesma frequência, porque você nunca de veria convencer ou forçar alguém a amar aquilo pelo que é apaixonado.

Rainha de Espadas

As borboletas farfalhando ao redor da Rainha de Espadas representam todas suas lindas ideias que ela adoraria implementar em prol do Reino. Esta Rainha pode parecer distante, sentada em seu trono no meio do nada, mas ela está meramente colecionando pensamentos brilhantes. Ela pensa antes de agir e é bastante decidida. Quando se comunica, ela não faz rodeios; ela é direta e direito ao ponto. A Rainha de Espadas é uma estrategista poderosa e genial, e hiperfocada em seus objetivos.

Sabedoria na posição correta

As respostas que você busca não estão lá fora no mundo físico – elas estão dentro de sua mente. Você já sabe o que deveria fazer, e você tem um plano incrível, então é hora de colocá-lo em prática. Levante-se e reclame sua coroa. Divida suas ideias incríveis com o mundo. Suas ideias são necessárias e é hora de as revelar ao público. Não deixe seus medos e dúvidas impedirem que você seja a Rainha de sua própria vida.

Recomendações na posição invertida

Você está pensando demais nas coisas e complicando o seu plano. Volte para quando você inicialmente o criou e escolha a estratégia que pareça melhor para você. Siga o caminho com menos resistência, o caminho pelo qual as espadas cortam os obstáculos com um brandido ágil. É importante se concentra no que você está cortando com suas espadas; não corte coisas que sejam importantes em sua missão.

Rainha de Pentáculos

A Rainha de Pentáculos senta-se pacientemente em seu trono, aguardando para falar às corujas do Reino. Sua sala do trono é feita na floresta, abundante em árvore, arbustos e flores que a cercam. Estar confortável e ter recursos por perto é importante para esta Rainha. Não à toa seu bando é um dos mais ricos do Reino – ela sabe como gerenciar os materiais abundantes da terra que cerca seu reino para gerar lucro! Com os pés no chão e pronta para ajudar, sua missão favorita é ajudar os outros a empreender.

Sabedoria na posição correta

É hora de se destacar em seu grupo e liderar, Rainha. O que você uma vez já pensou ser só uma ideia apaixonada vai trazer dinheiro. É com você aparecer e compartilhar com o mundo aquilo no que você estava trabalhando. Você já tem todos os recursos que precisa para o auxiliarem nessa aventura nova e abundante. Coloque sua coroa e brilhe.

Recomendações na posição invertida

Conhecer os detalhes exatos de seus planos pode ajudá-lo a atingir seus objetivos, mas quando fica obcecado por cada coisinha, você não chega a lugar algum. Em vez de se mover para frente, você está se segurando por ser perfeccionista. Abandone a necessidade de ter tudo em ordem antes de agir. O sucesso flui com a ação, e, às vezes, com a ação imperfeita.

Rainha de Copas

A afável Rainha de Copas está reenergizando sua alma em seu ponto favorito da praia. Como uma líder, ela às vezes sente a pressão de fazer as escolhas corretas para seu bando de Copas. Quando isso acontece, esta Rainha gosta de absorver a brisa do mar e ouvir o que seu coração tem a dizer sobre as decisões que precisa tomar. Quando você faz uma escolha a partir de um lugar de amor e compaixão, ela sempre será boa para você para os outros.

Sabedoria na posição correta

A Rainha de Copas está aqui para ajudá-lo a liderar de coração aberto. Siga a sua intuição e o desejo de sua alma para fazer as escolhas certas em sua vida. Se você acreditar com todo o coração que tudo que faz é uma escolha certa, então será. Cerque as decisões que você toma com a luz calma e rosada do centro de seu coração e confie que você sabe o que é melhor para você.

Recomendações na posição invertida

Confiar em seu coração e seguir seus desejos pode levá-lo longe, mas não pode levá-lo por todo o caminho. Você também precisar de ações planejadas; muitas vezes, a inspiração guiada pelo coração vai dizer quais passos você precisa tomar. Tenha certeza de não só se sentar ao trono, torcendo e sonhando que seus desejos virem realidade. Acompanhe esses sentimentos mágicos com o trabalho na vida real.

Reis

Os Reis são considerados os arquétipos mais maduros e desenvolvidos nas Cartas da Corte. Eles são um símbolo da manifestação final: quando você dominou sua magia, liderou os outros à abundância e compartilhou sua sabedoria com a comunidade. Ser um Rei significa ativar sua energia de chefe, de CEO.

Rei de Paus

O Rei de Paus é uma coruja tão encantadora que até mesmo o lagarto está enamorado. Esse Rei é um líder maravilhoso, cheio de paixão, energia e determinação. Objetivos medíocres ou pequenos não o interessam, já que ele ama o desafio de objetivos grandes e audaciosos que acendem um fogo em seu ventre. O Rei do bando de Paus é de cumprir feitos gigantescos. Se você for pedir um favor em audiência a ele, vá até ele com um plano de ataque empolgante e terá seu apoio.

Sabedoria na posição correta

É hora de tomar uma atitude e se arriscar. Quanto mais alta for a aposta, mais recompensadora será. Sua paixão e energia vão levá-lo aos seus objetivos. Todos serão atraídos por seu carisma e por suas habilidades natas de liderança. Você tem muita experiência no que faz, então siga seus instintos. Levante seu cajado e lidere o caminho.

Recomendações na posição invertida

Não se perca na empolgação que a aventura promete. Ainda precisa haver um plano prático antes de que você possa executar tudo isso. Você se beneficiaria de outras pessoas confiáveis olhando seu plano antes de começar. Há detalhes que precisam ser lapidados, e se você não quiser investir tempo, obtenha ajuda externa para esta tarefa importantíssima; você deve completá-la antes de prosseguir.

Rei de Espadas

O sábio Rei de Espadas olha você de seu trono, e uma impressão de quem você é já se formula em sua cabeça. Você sabe, por esse olhar, que não deve jamais questionar sua autoridade ou juízo. Ele é um excelente orador e comunicador. Se entrar em uma batalha verbal com ele, você certamente sairá derrotado todas as vezes. Se você quer o lado bom do Rei de Espadas, questione-o e intrigue-o com fatos.

Sabedoria na posição correta

Sua eloquência e inteligência são duas das ferramentas mais poderosas que tem para atingir seus objetivos. Se quiser se destacar da multidão e vencer, você tem que ser ouvido. Presenteie sua audiência com lógica, estratégia e fatos. Mostre que pesou os dois lados da equação e que tem certeza que sua escolha é a mais razoável.

Recomendações na posição invertida

Ter mais conhecimento que aqueles ao seu redor não significa que você tem o direito de os controlar. Está tudo bem liderar com autoridade, mas líderes precisam fazê-lo sem serem cruéis ou diminuir os que estão ao seu redor. Só porque alguém é mais instruído em algum assunto, não significa que ele é melhor que ninguém.

Rei de Pentáculos

O Rei de Pentáculos o recebe alegremente em seu canto do Reino das Corujas. Ele adoraria lhe dar um banquete! Este Rei ama estar cercado por luxo e gerou uma riqueza gigantesca para seu bando. Ele não tem vergonha de viver a via ao máximo e dividir suas riquezas materiais com sua família, amigos e reino. Tudo que você desejar, dentro de seus limites, lhe será concedido aqui.

Sabedoria na posição correta

Riqueza, dinheiro e sucesso estão fluindo para você. Aproveite os luxos a que tem acesso e saiba que se quiser mais, sempre terá disponível. O Rei de Pentáculos representa se sentir satisfeito na vida, não só nas finanças, mas em tudo que estiver fazendo. Não apenas o seu trabalho lhe traz a abundância que você almeja, mas você ainda tem tempo para aproveitar a riqueza que criou.

Recomendações na posição invertida

Com toda prosperidade que o cerca, é fácil se acomodar. Não diminua o poder de seu fluxo de abundância; surfe a onda e continue caminhando. Você pode tirar um tempo para celebrar, mas não pare de agir e cumprir seu trabalho. Se você se deixar escorregar na preguiça, terá que fazer o dobro de esforço para ganhar riquezas no futuro. Por que não construir mais sucesso e estabilidade agora, enquanto está em uma energia vibracional de prosperidade?

Rei de Copas

O Rei de Copas lidera seu bando com um foco em valores arraigados e relações carinhosas. Ele conhece pessoalmente e já tomou uma xícara de chá com todas as corujas de seu reino. Apesar de ser um líder bondoso e gentil, ele não é alguém que você pode subestimar. Este Rei gentil sabe como conseguir que as coisas sejam de seu jeito, se aproximando das situações com mel em vez de vinagre. Suas ideias criativas e sonhos inovadores criam espaços acolhedores e lindos para suas corujas viverem.

Sabedoria na posição correta

Sirva com seu coração, mas tenha certeza de ter limites sólidos estabelecidos. Como líder, você vai ser chamado a ajudar os outros de várias formas – às vezes, em vários momentos em um dia. Antes de dizer sim ou fornecer orientação, tenha certeza que seu coração está 100% investido nisso. Se você acha que estão tirando vantagem de você, ou que não está recebendo uma troca energética da outra parte, então diga não. É simples assim. Não diga sim e depois pie sobre como a tarefa é sofrida. Se perceber que isso acontece em sua vida, criar novos limites vai levá-lo a uma alegria maior.

Recomendações na posição invertida

Às vezes ficamos muito sensíveis às coisas acontecendo ao nosso redor ou às coisas que nos são ditas. Se você perceber isso acontecendo em sua vida, pode sentir que todo mundo o está atacando ou colocando para baixo. Isso pode não ser a intenção dos outros, então se estiver se sentindo assim, é uma boa ideia recuar e olhar para o quadro geral. Não se perca em suas emoções ou nas emoções dos outros. Volte à situação de um lugar de neutralidade e livre de julgamentos.

Capítulo 6

Abra suas Asas

É hora de voar na magia do Tarô das Corujas. Agora que chegou a esse capítulo, você deve estar mais familiarizado com o Tarô e com o baralho em si. Se você assim sentir, pode elevar suas leituras usando as tiragens de Tarô que incluí nesse capítulo. Fazer tiragens com mais de uma carta não é para qualquer um, então eu o encorajo a voar com qualquer tiragem que lhe atrair. Você pode modificar as questões nas tiragens fornecidas ou criar suas próprias tiragens pessoais. Não existe certo e errado trabalhando com tiragens no Tarô – é sobre o que funcionar melhor para você.

Tiragens de uma carta

Um dos jeitos mais fáceis de trabalhar com o Tarô, entendê-lo e lê-lo é fazendo uma tiragem de uma carta. As cartas contêm tanta informação – incluindo símbolos, mensagens e energias – que você pode mergulhar em apenas uma e ainda assim receber as respostas pelas que procurava. Essa tiragem também é ótima para iniciantes, para que não se sintam assoberbados durante a leitura. As corujas adoram usar uma tiragem de uma carta pela manhã, para saber como seu dia vai se desdobrar.

Tiragem de três cartas

A tiragem de três cartas é uma das favoritas do Reino das Corujas, e leitores iniciantes e avançados usam essa tiragem consistentemente. Trabalhar com três cartas provê você com uma história completa e bastantes detalhes sobre sua questão, mas evira que você consiga informação demais, que possa deixá-lo confuso. Se estiver incerto sobre as respostas de uma tiragem de três cartas, você sempre pode puxar uma carta adicional, no fim, para maior clareza. Recomendo deitar suas cartas horizontalmente, como no exemplo.

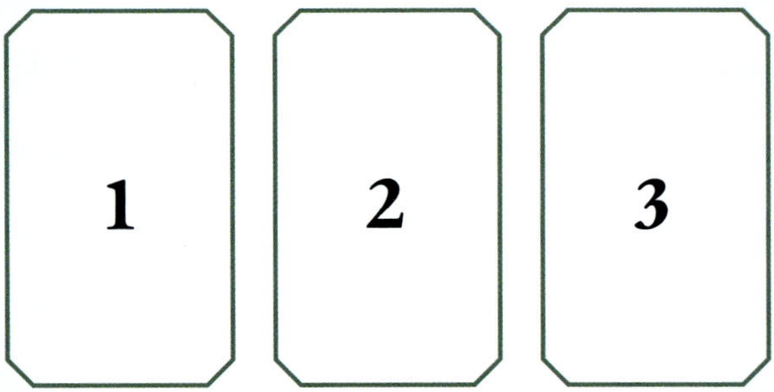

Antes de fazer a tiragem, decida o que você quer que cada carta signifique. Aqui estão algumas ideias diversas do que o que cada carta numa tiragem de três cartas pode representar: Passado, presente e futuro

- Onde você está agora, a atitude que precisa ser tomada, onde você chegará se tomar tal atitude.
- A natureza de seu problema, a causa, a solução.
- Situação, atitude, resultado.
- Obstáculo atual, no que você precisa se concentrar, resultado.
- Mente consciente, subconsciente, realidade material.
- Você, seu caminho atual, as possibilidades que o aguardam.

Outras tiragens

Para as corujas mais aventureiras, que gostam de voar alto e conquistar, aqui estão algumas tiragens mágicas, trazidas diretamente do cofre secreto do Reino das Corujas. Essas quatro tiragens adicionais podem lhe dar um insight mais profundo sobre sua intuição, magia e propósito.

Tiragem do voo intuitivo

A intuição é o nosso sistema de orientação cósmico; já conhece o mapa de nossa alma e sabe exatamente onde ir a seguir. Você gostaria de saber exatamente quais ações tomar a seguir e se confiante em tudo que fizer? Tudo que você tem de fazer é confiar em sua intuição. Ativar sua intuição também pode ajudá-lo a ler as cartas do Tarô com facilidade. Permita que as mensagens voem à sua consciência sem duvidar delas.

Nesta tiragem, você vai aprender quais são as suas forças intuitivas e qual é a sua linguagem única, que você usa para se comunicar com seu eu superior. Esse conhecimento vai ajudá-lo a voar através de suas leituras com facilidade. A tiragem é deitada na forma de um V voador, como as formações dos pássaros nos céus.

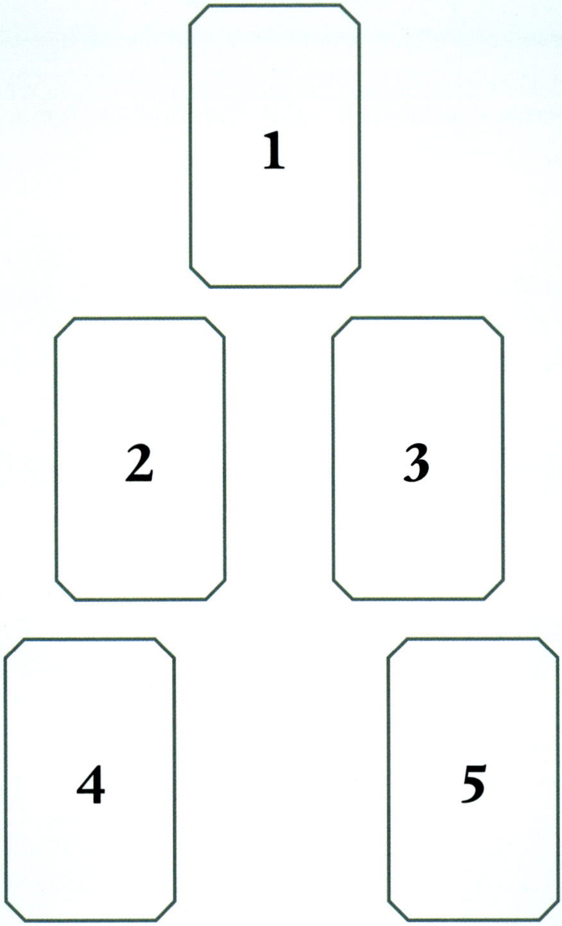
1
2
3
4
5

1. Como eu posso explorar mais profundamente minhas habilidades intuitivas?
2. Existe uma maneira melhor de me conectar com minha intuição e, havendo, qual seria ela?
3. Como minha intuição gosta de compartilhar mensagens comigo?
4. Qual minha intuição, agora, para me ajudar neste instante?
5. Qual é uma mensagem importante de minha intuição que eu preciso ouvir agora?

Autotiragem de Tarô para o avanço

Aprender Tarô é uma prática para a vida inteira. Até os "mestres do Tarô" alegam que aprendem algo novo a cada vez que pegam um baralho e leem as cartas. Esta tiragem é para ajudá-lo a melhorar suas habilidades de leitura de Tarô, e pode ser feita por praticantes de todos os níveis. Toda vez que se sentir confortável trabalhando com o Tarô, você pode retornar a essa tiragem para ver o que você pode fazer para avançar em suas tiragens de Tarô e se mover ainda mais para fora de sua zona de conforto. Quando você continua tateando o desconhecido e buscando o seu próprio avanço, aí é que a mudança e a transformação acontecem. Trabalha com essa tiragem periodicamente pode ajudá-lo a avançar em suas habilidades de leitura de Tarô mais rápido.

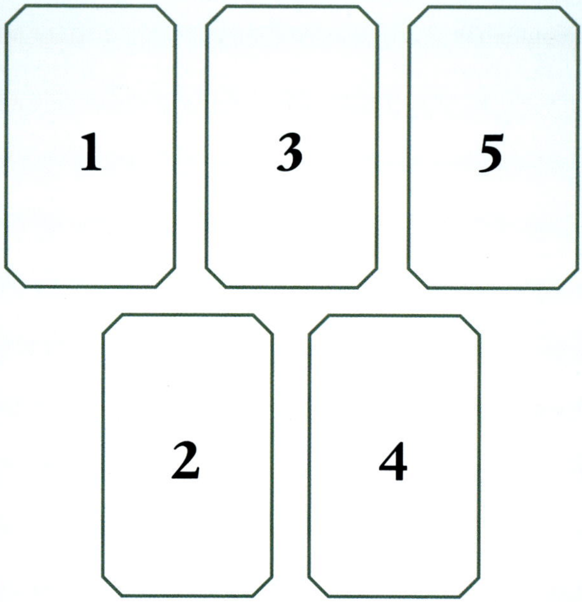

1. No que eu posso melhorar minhas habilidades de leitura de Tarô?
2. Quais atitudes eu posso tomar para avançar em minhas habilidades de leitura de Tarô?
3. Qual é um novo jeito de usar as cartas que eu ainda não usei?
4. Com qual carta eu tenho que trabalhar em um nível mais profundo?
5. Qual é a carta em que eu tenho que prestar atenção agora?

Tiragem das Corujortunidades

Há sempre infinitas possibilidades e ideias disponíveis para você. O segredo é estar na mesma vibração que a oportunidade ou ideia que você deseja, para que apareçam em sua realidade. Esta tiragem pode auxiliá-lo a descobrir o que você tem que fazer, ser e sentir para abrir imediatamente a porta para as oportunidades positivas. Se está esperando por uma ideia de milhões vir até você, ou se você se sente emperrado, então a tiragem das corujortunidades pode ajudar.

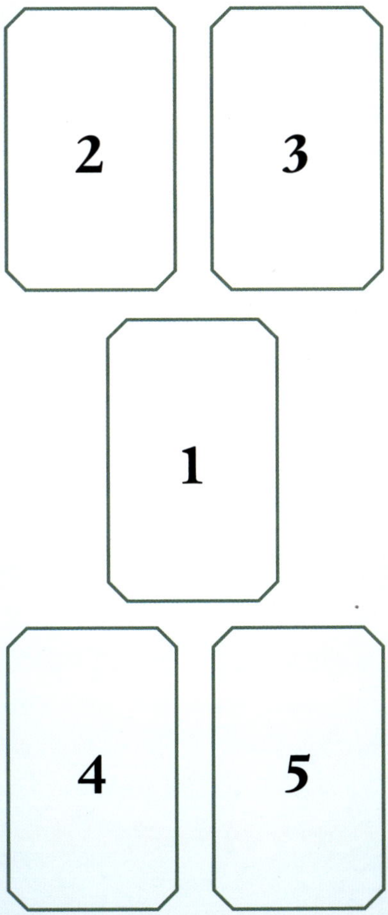

1. Qual é a possibilidade que está prestes a surgir?
2. Qual é meu potencial oculto que vai me auxiliar em minha jornada?
3. Qual a primeira ação a tomar para começar a ativar essa possibilidade?
4. O que é importante eu saber sobre essa nova possibilidade?
5. Qual é a mensagem das corujas sobre essa nova possibilidade?

Tiragem da magia interior

Nós do Reino das Corujas, acreditamos que todo mundo – sim, até os humanos – é mágico e tem magia interior. Se você não tivesse, não estaria aqui, lendo este guia, ou usando o Tarô das Corujas. Sua magia está sempre trabalhando com as energias do Universo para moldar a sua realidade.

E se você pudesse ativar sua magia quando quisesse e manifestar seus sonhos conscientemente? Como isso soa, para você? Se é algo que você almeja conseguir, abra suas asas e comece com essa tiragem. Ela vai lhe mostrar onde em sua vida você deve colocar mais foco para manifestar seus objetivos. Esta tiragem também vai lhe mostrar como ativar sua magia interior e auxiliá-lo a atingir o sucesso.

1. Qual a mensagem de minha magia interior?
2. Quais ideias inspiradoras eu devo seguir agora?
3. De que eu preciso abrir mão para a manifestação instantânea?
4. O que preciso fazer para ativar minha magia interior?
5. Como minha magia vai me guiar pelos meus objetivos?
6. Que ação mágica devo tomar para manifestar os meus sonhos?

Conclusão

Decolando

Quão rápido você voa e ascende por entre as nuvens só depende de você. Não há limites para sua magia ou para sua prática com o Tarô. Permita que as Corujas Guardiãs e este baralho lhe auxiliem em suas experiências, todos os dias. Continue embaralhando, perguntando e tirando caras para si mesmo ou até para seus amigos e familiares. Construa uma conexão profunda com sua intuição e sabedoria usando esses músculos consistentemente. Ter uma prática espiritual pode auxiliá-lo a subir aos céus e aos seus objetivos com facilidade.

O Reino das Corujas e eu esperamos que você curta brincar no Reino das Corujas Guardiãs. Se você vir uma coruja nas ruas ou uma pena no chão, é uma confirmação de que você está seguindo na direção certa. Se você compartilhar suas aventuras nas alturas no Instagram, as corujas e eu adoraríamos ver. Marque a @pamelaunicorn, use a hashtag #OWLTAROT e nós vamos dar um lindo like e compartilhar sua postagem.

As corujas e eu honramos sua magia – e você – por conectar a sua energia à nossa. Nós sabemos que você pode conquistas coisas grandes na vida ao compartilhar sua sabedoria divina e seus dons com os outros, e esperamos que você continue a manifestar uma vida feliz, rica e saudável.

Beijos e abraços,
Pamela + As Corujas Guardiãs

Para escrever para a autora

Se quiser contatar a autora ou quiser mais informações sobre este livro, por favor escreve para a autora aos cuidados da Llewellyn Worldwide Ltd. e nós vamos encaminhar sua solicitação. Tanto a autora quanto a editora gostam de ouvir de você e saber que aprecia o livro e como ele o ajudou. A Llewellyn Worldwide Ltd. não pode garantir que toda carta escrita para a autora será respondida, mas todas serão encaminhadas. Por favor, escreva para:

Pamela Chen
℅ Llewellyn Worldwide
2143 Wooddale Drive
Woodbury, MN 55125-2989

Por favor, inclua um envelope selado e endereçado para resposta ou US$ 1,00 para cobrir custos. Se estiver fora dos EUA, inclua um cupom de resposta postal internacional.

Muitos autores da Llewellyn têm sites com mais recursos e informações. Para mais informações, por favor, visite nossa página em http://www.llewellyn.com.